Phy·si·og·no·mie

n, pl -**mien** [gr. *physiognomon* vom Äußerlichen auf das Wesen schließen, gr. *physis* Natur, Leben, Körper + *gnomon* Übersetzer, Interpret] 1: (Physiognomik) Die Kunst, aus dem äußeren Erscheinungsbild die Wesenszüge zu deuten. 2: Lehre von der Gestaltung des menschl. Leibes als Grundlage des Charakters und der Seele. 3: Äußere Erscheinung, auch: die durch den Ausdrucksgehalt geprägte Form des Gesichts.

Physiognomie

Die Fotografien von MARK SELIGER

***** EINFÜHRUNG VON **ERIC BOGOSIAN** *****

***** DESIGN VON **FRED WOODWARD** *****

[FÜR MEINE ELTERN & MEINE GROSSMUTTER]

[*Einführung von* E R I C B O G O S I A N]

Ich liebe Gesichter.
Als ich zehn war, kam ich nach New York, um die Weltausstellung zu besuchen, und fand mich an der Ecke 42. Straße und Broadway wieder. Da ich in der Vorstadt aufgewachsen bin, hatte ich noch nie einen derartigen Strom von Menschen gesehen, wie er an diesem Ort vorüberfloß. Jedes Gesicht war anders und jedes erzählte eine Geschichte. Dieser endlose Fluß der Gesichter übte eine ungeheure Anziehungskraft auf meine Phantasie aus. Wegen dieser Gesichter bin ich nach New York gezogen. Und sie haben mich nicht enttäuscht.

Das Bild eines Gesichts ist ein Grundstein unseres kollektiven Vorstellungsvermögens. Wir lieben Filme der Nahaufnahmen wegen. Ohne die menschliche Statur wäre die Mode sinnlos. Musikvideos leben von den Physiognomien von Madonna bis Marilyn Manson. Daher brauchen Zeitschriften, Fernsehfilme und bisweilen sogar Bücher Gesichter wie die Luft zum Atmen (diese Visage auf dem Umschlag!).

Die Antlitze der Berühmtheiten erzeugen Leidenschaft, denn irgendwo in der Tiefe dieser Augen, im Schwung dieser Lippen oder in der Zeichnung jener Braue spiegelt sich ein Leben, an dem wir alle sehnsüchtig teilhaben möchten. Was haben diese Augen gesehen? Was hat dieser Mund geschmeckt? Die Wahrheit sei dahingestellt – das Leben der Stars erscheint grandios, ist voll von tollen Festen und intensiven Augenblicken. Und da wir an ihnen nicht teilhaben können, empfinden wir sie nach. Denn wir schauen gerne zu.

Diese Leute sind sexy, berühmt und reich. Sie führen ein Leben, das den meisten von uns nicht gewährt ist, ein Leben der Erste-Klasse-Kabinen und Luxussuiten, der glänzenden schwarzen Limousinen und der zauberhaften Begleitungen. Sie tragen Couture, essen nur in den besten Restaurants und verbringen ihre Ferien in den exklusivsten Badeorten. Sie treffen einander. Sie nehmen jede Menge Drogen und gehen dann in schicke Rehabilitationskliniken. Sie haben mit anderen ebenso wunderbaren Stars unvorstellbar guten Sex. Kurzum, sie haben alles.

Mechanisch betrachtet mag die Fotografie sehr einfach erscheinen. Man drückt mit dem Finger auf den Abzug, eine Birne blitzt, es wird einen Moment lang belichtet und das Bild ist im Kasten. Obgleich Fotos nichts anderes als Lichtstrahlen sind, die in einem Bad aus Chemikalien und Zellulose aufgefangen werden, erfordert es ungeheures Fingerspitzengefühl, die zu fotografierende Person dahin zu bringen, daß sie sich für einen Moment vergißt. Aus einer

Myriade von möglichen Augenblicken will der Fotograf genau den einfangen, der es uns erlaubt, sein Subjekt auf die ideale Weise zu betrachten. Es ist so, als wäre der Fotograf ein Fischer in einem Meer von Augenblicken, der seine Fähigkeiten dazu benutzt, um den „großen Fang" ins Boot zu ziehen.

★ ★ ★ ★ ★

Mark Seliger hat mit seiner Kamera während der letzten zehn Jahre zahllose große Fische aus dem reißenden Fluß unseres öffentlichen Lebens eingefangen. Als Kenner der Gesichtszüge ist es ihm gelungen, uns einen Spiegel vorzuhalten. Oder, besser gesagt, er hat das Edelste aus uns hervorgeholt. Es scheint, als habe Seliger jede aufsteigende Figur der Neunziger aus Film, Fernsehen und Popmusik porträtiert. Ich glaube, die wirklich größte Schwierigkeit beim Zusammenstellen dieses Buches bestand darin, zu entscheiden, welche Bilder wegzulassen wären.

Mark hat mit einigen der wohl aufregendsten und talentiertesten Leuten seiner Zeit gearbeitet und das Fotografieren hat ihm offensichtlich viel Spaß bereitet. Aus diesen Aufnahmen spricht ein echter Sinn für das Verspielte – der Spaß überträgt sich. Und manchmal ziehen sich seine Modelle auch nackt aus. Ist das cool?

Gleichwohl erwartet ihn nach jedem Foto ein schrecklicher Abgrund: der Überdruß der Prominenten. Berühmte Leute werden endlos abgelichtet. Nach Dutzenden von Fototerminen verschließen sie sich unweigerlich wie eine zarte Nachtblume und sind immer weniger willens, das Geheimnis ihrer Augen und das Parfüm ihrer Seelen zu offenbaren. Ihr wertvollster Besitz, ihr Gesicht, ist auch ihr letzter privater Schatz, und so scheuen sie instinktiv das Blitzlicht.

Mit dieser Erkenntnis wird die zu bewältigende Aufgabe geradezu furchterregend. Kaum ist ein Star auf der Höhe seines Ruhms, werden die Augen bald glasig und trocken wie altes Schmalzgebäck. Ausgerechnet zu dem Zeitpunkt, wenn jedermann ein bestimmtes Gesicht unbedingt anschauen will, gibt es nichts mehr zu sehen. Nur eine Sonnenbrille, ein falsches Grinsen, ein gefrorener Blick.

Das Undefinierbare, das einen Star ausmacht, das Charisma, von dem wir uns so sehr angezogen fühlen, ist ebenso schwer einzufangen wie ein Raketenstart oder eine Schlacht in vollem Gange. Man stelle sich einen Nachmittag vor, den man damit zubringt, ein hübsches junges Ding in Laune zu bringen. Verkatert von einer zweitägigen Champagner- und Kokainorgie soll sie sich nun entspannen und lächeln. Sie ist kratzbürstig. Sie möchte allein sein. Sie will wieder zurück auf die Party. Stattdessen ist sie auf diesem wirklich langweiligen Fototermin. Der Fotograf, der dieser Situation womöglich die Kalkulierbarkeit von pfeifenden Kugeln und explodierenden Landminen vorziehen würde, darf niemals aufgeben. Die Massen warten auf das neueste Porträt der Prinzessin.

Kommt Ihnen die folgende Erfahrung bekannt vor? Sie betrachten einen Sonnenuntergang, werden von dessen Schönheit vereinnahmt, knipsen ein Bild davon, bekommen es vom Entwickler zurück – und es sieht klein und kaum inspirierend aus. Ähnlich verhält es sich mit dem Fotografieren von Stars. Prominente sind wunderbare Schöpfungen der Natur, ebenso schwer zu fangen wie ein Reh im Wald. Sie haben das unvergleichliche Etwas, sind der einzigartige Markenartikel, den der Fotograf schnell festhalten muß. Es ist wie beim Sex – man merkt's, wenn einer nur so tut als ob.

✶ ✶ ✶ ✶ ✶

Auf seiner Suche nach dem Augenblick wird Mark Seliger nicht selten fündig. Man schaue sich diese Bilder an und stelle sich die grenzenlose Phantasie vor, die hier angestrengt wurde, damit wir bekommen, was wir wollen. Ich kann den Grad an psychologischem Einfühlungsvermögen gar nicht ermessen, den er braucht, um mit derart schwierigen Persönlichkeiten umgehen zu können. Die letzte Maske, die ein Star zurückhält, ist die seiner Persönlichkeit, sein „öffentliches Ich". Indem Mark für seine Modelle neue Rollen schafft, betört er sie vielleicht soweit, daß sie ihr wahres Ich offenbaren.

Wie aber bringt Seliger derart verschiedene Menschen wie die Rolling Stones, Howard Stern oder Präsident Clinton dazu, sich zur Schau zu stellen? Nun, erstens ist er unendlich einfallsreich und läßt sich in keine Schublade stecken. Er geht von extremen Nahaufnamen (Sean Penn mit Zigarette) mühelos über zu kinetischen Gruppenposen (am besten gefällt mir die verrenkte, Norman-Rockwelleske Aufnahme von den Pfadfindern, die Drew Barrimore fesseln) bis zu energiegeladenen Rollenspielen (Seinfeld als Elvis) und historisierenden Werken (Travolta in einem köstlich dunklen Porträt im Stil der vierziger Jahre). Er verwendet Außenlicht, Studiolicht, manisches Licht. Er fotografiert mal sanft, mal rauh. Für Sandra Bullock und Fiona Apple begibt er sich sogar unter Wasser.

Er kennt nur ein Ziel: das Essentielle zeigen. Ein perfektes Beispiel dafür ist sein Porträt von Robin Williams für das Titelblatt von *Rolling Stone*: In einen übergroßen Kragen hineingedrückt, sieht Williams gleichzeitig komisch und ängstlich aus. Ein kleiner Junge in der Kleidung eines Erwachsenen. Und genau das ist Williams – ein trauriger Clown. Dieses Foto ist ein heftiger, kühner Schlag von einem Bild, kräftig und treffsicher.

Jenny McCarthy, wohlbekannt und gern gesehen wegen ihres lasziven Sinns für Humor, wird hier in einer Art freudschem Witz dargestellt. Der Senf spritzt orgasmisch auf den phallischen Hot Dog. Und wer drückt auf die Tube? Jenny. Zufällig sieht sie heiß und sexy aus, nicht blöde und witzig.

✯ ✯ ✯ ✯ ✯

Als ich diese Einführung schrieb, hing Mark wie gewöhnlich mit einem wunderbar verrückten Filmstar auf einer herrlichen tropischen Insel herum. Er erzählte mir, wieviel Spaß er dort hatte. Aber ich kenne Mark. Er war nicht zum Spaß dort. Er war auf der Jagd nach dem Augenblick. Er spielte dort sein Spiel mit dem Promi – öffnen, entspannen, herzeigen. Er weiß, daß wir keine Posen wollen, sondern die Seele selbst.

In diesem Fall will die Beute natürlich auch gejagt werden. Nach den neuesten Meldungen sehen Stars nämlich nicht immer wie Stars aus. Haben Sie schon einen getroffen? Nur selten gleichen sie sich selbst. Und sie wissen das. Denn Stars wollen, daß ihr Image ihrer überlebensgroßen Vorstellung von sich selbst so nahe wie möglich kommt, und dieser Druck lastet dann auf dem Fotografen, der seinen Job machen muß. Wie die Fotos in diesem Buch beweisen, ist Mark seiner Aufgabe mehr als gerecht geworden.

Also tauchen Sie ein. Die Stars erwarten es von Ihnen. Haben Sie teil an diesem wertvollen Augenblick, der von einem Meister ausgewählt, beleuchtet und inszeniert wurde. Wenn man es sich vor Augen hält, ist es Zauberei: ein Tropfen Zeit, in dem ganz kurz ein am Firmament glitzernder Körper heruntergepflückt und für alle Ewigkeit eingefroren wurde. Niemand weiß, ob die Stars wirklich sind, was sie zu sein vorgeben. Doch wer macht sich bei diesen Gesichtern über so etwas schon Gedanken? Lassen Sie die Blicke dieser mythischen Charaktere in sich hinein, lassen Sie sich finden und aufs Neue vereinnahmen. Wir danken Mark Seliger für sein Talent.*

FEBRUAR 1999

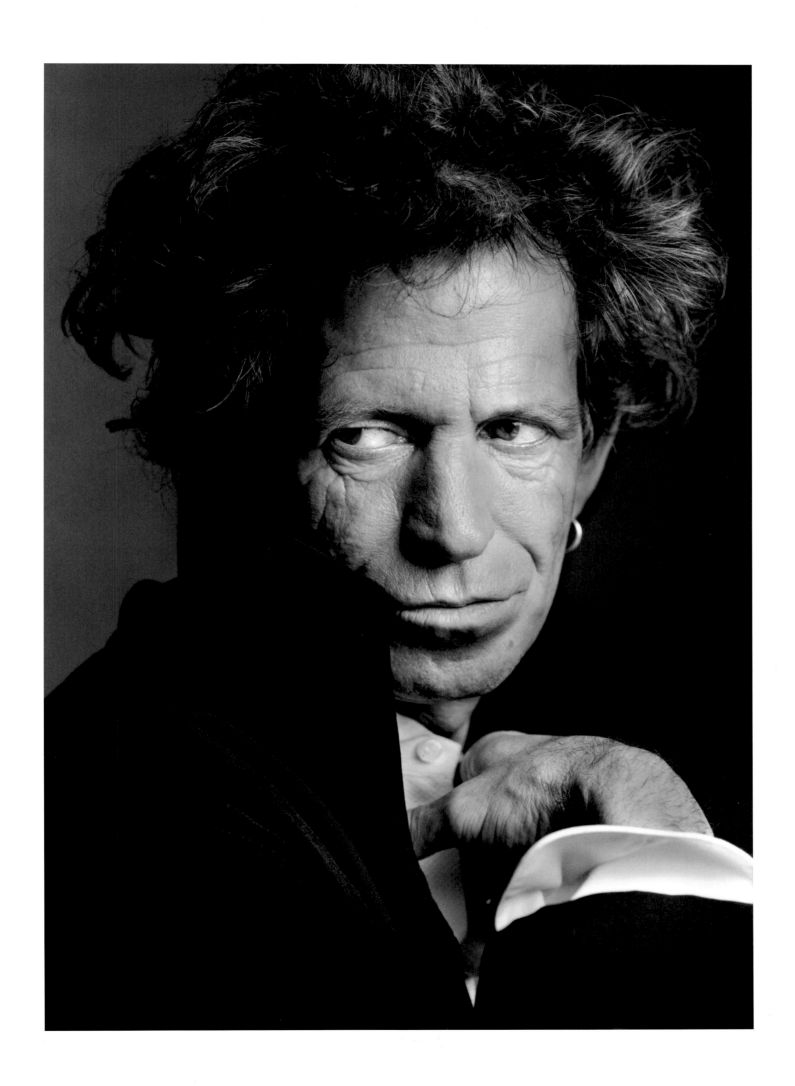

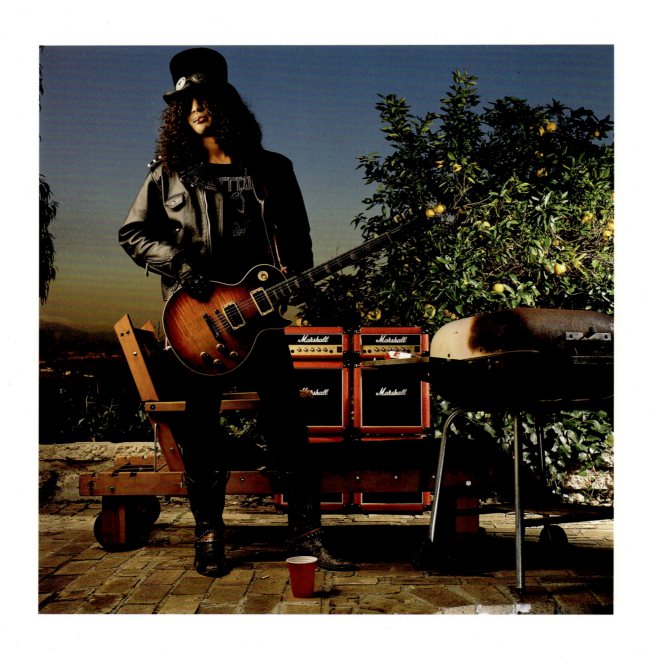

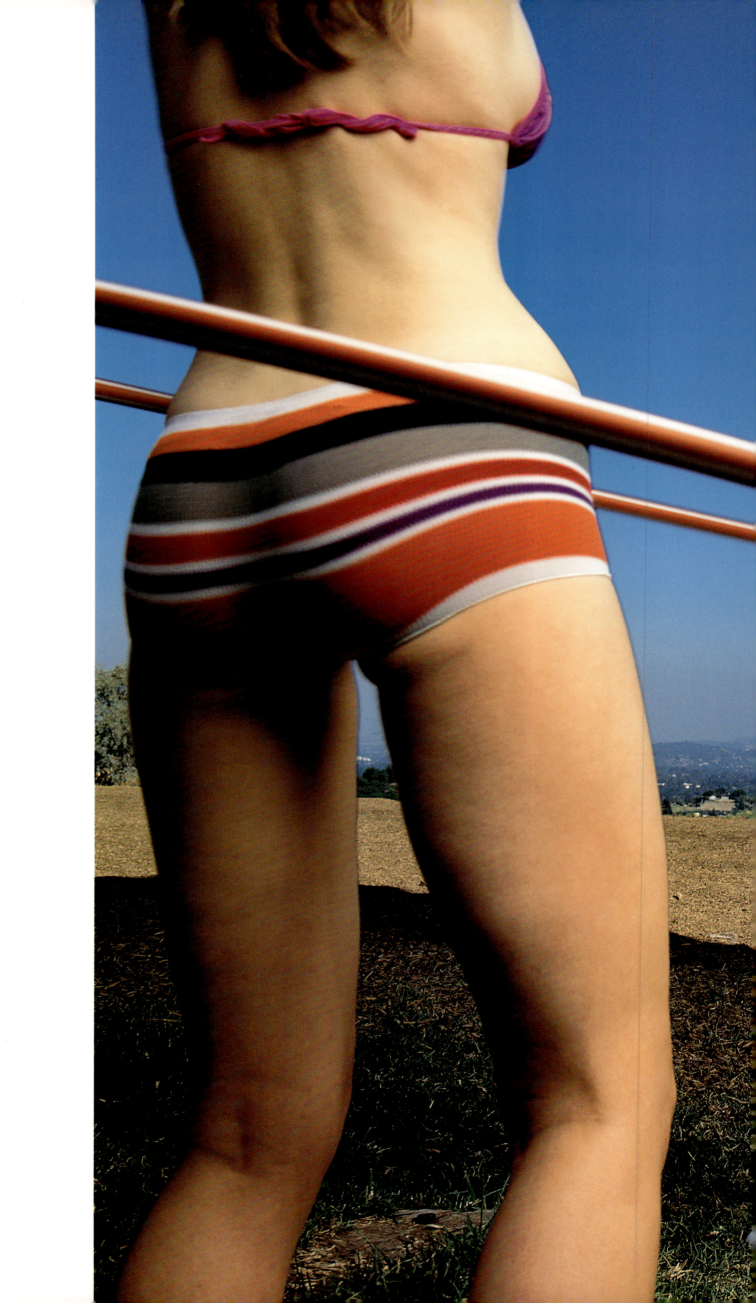

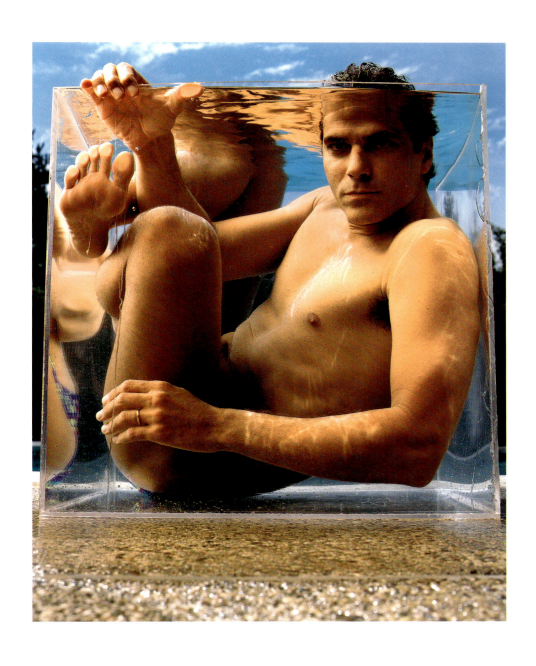

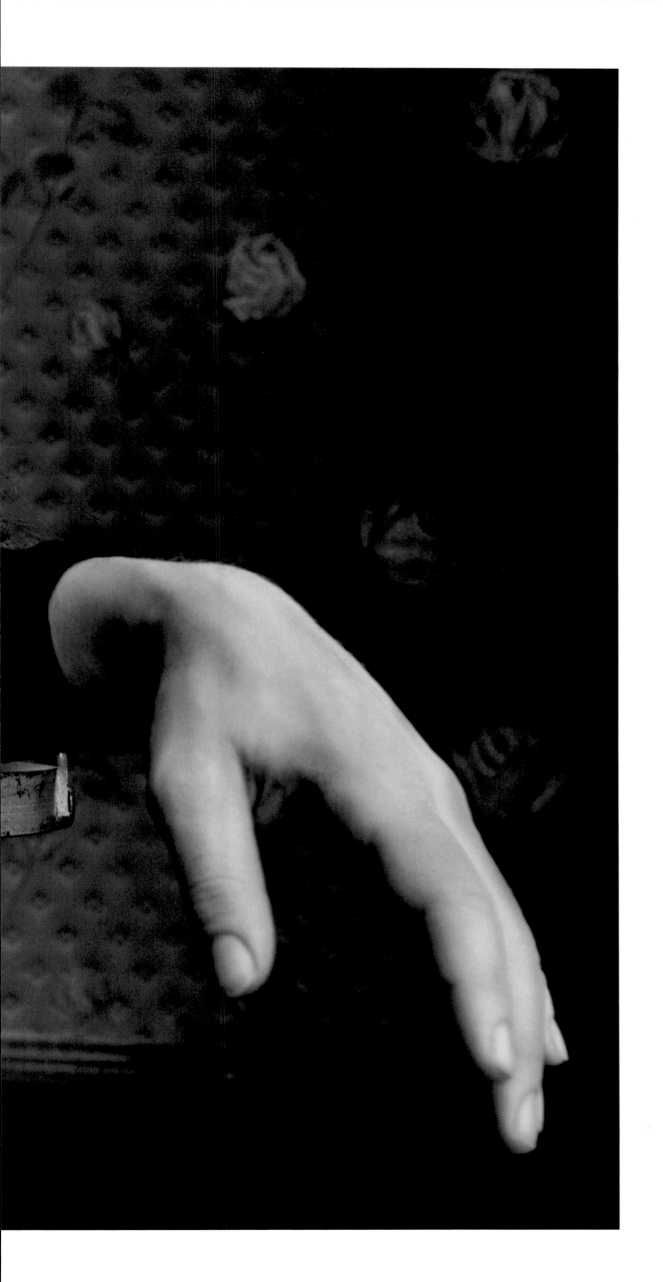

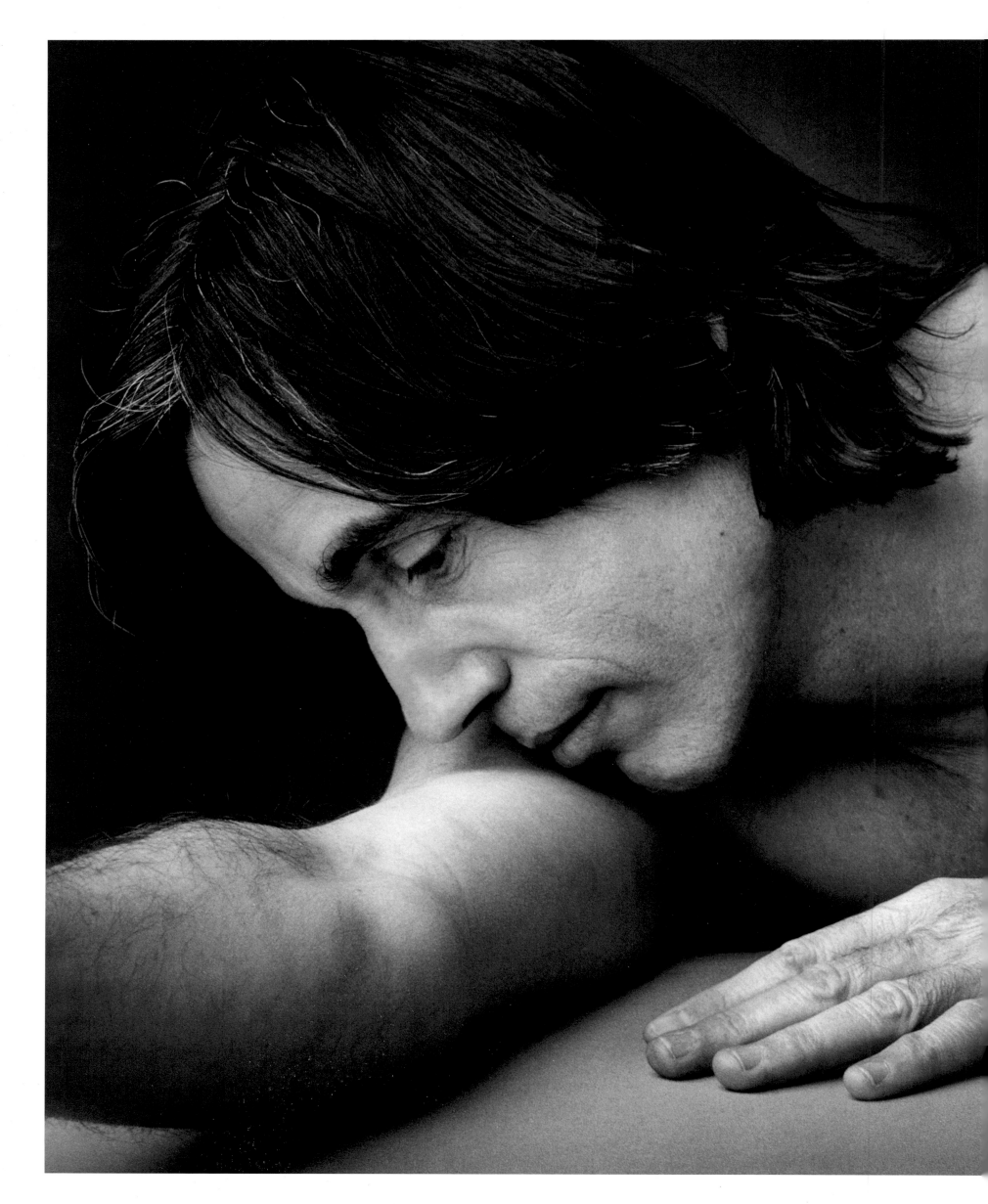

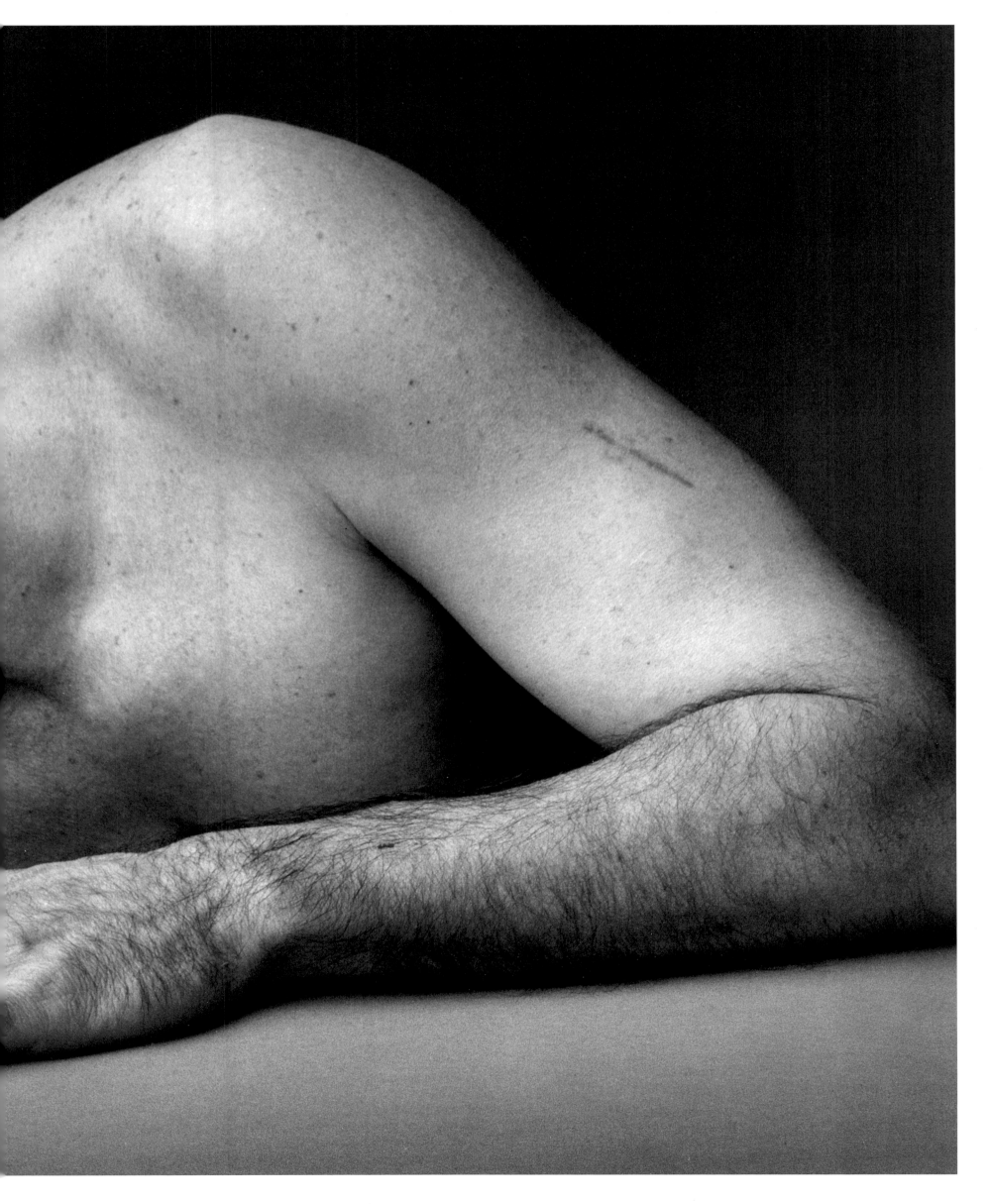

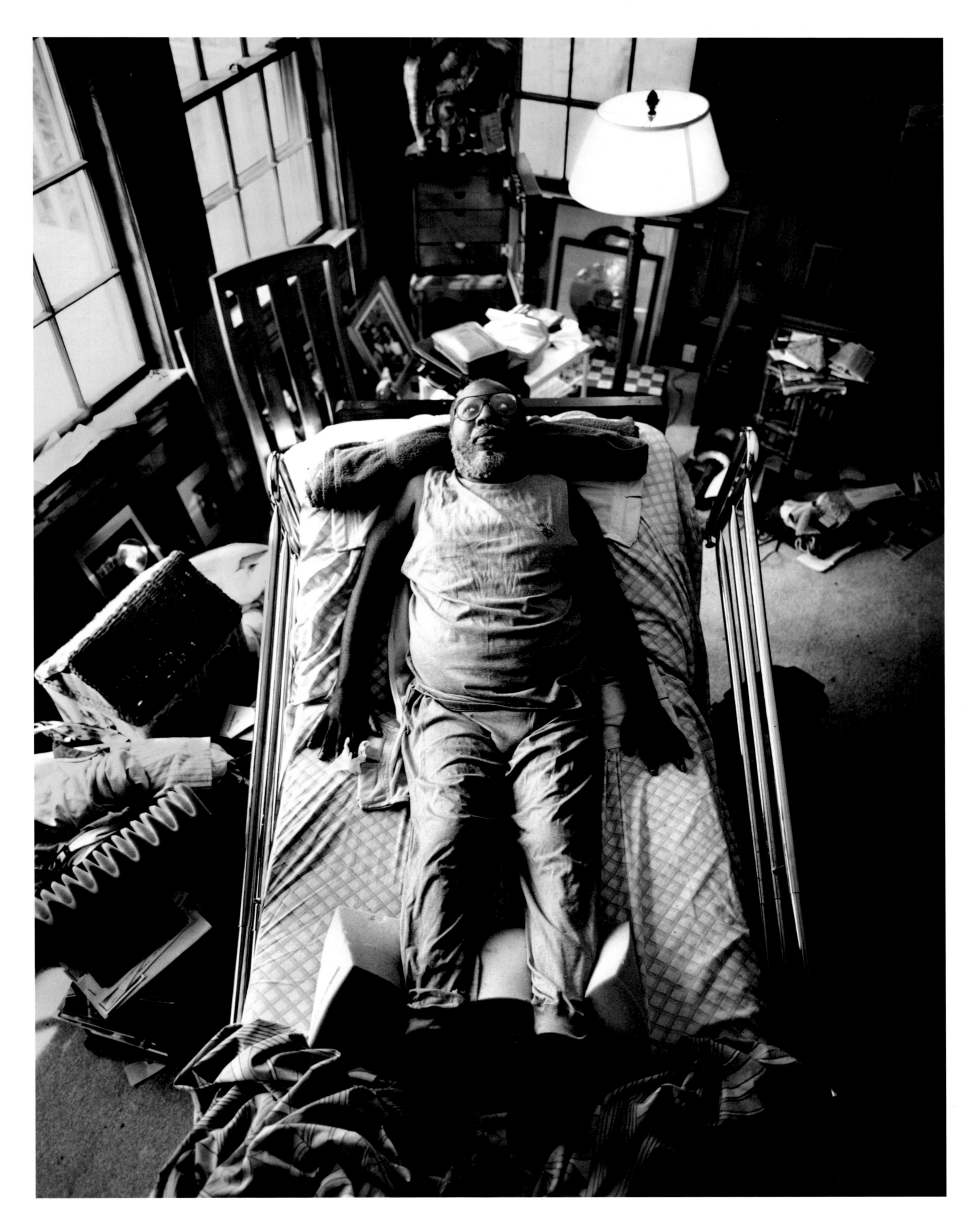

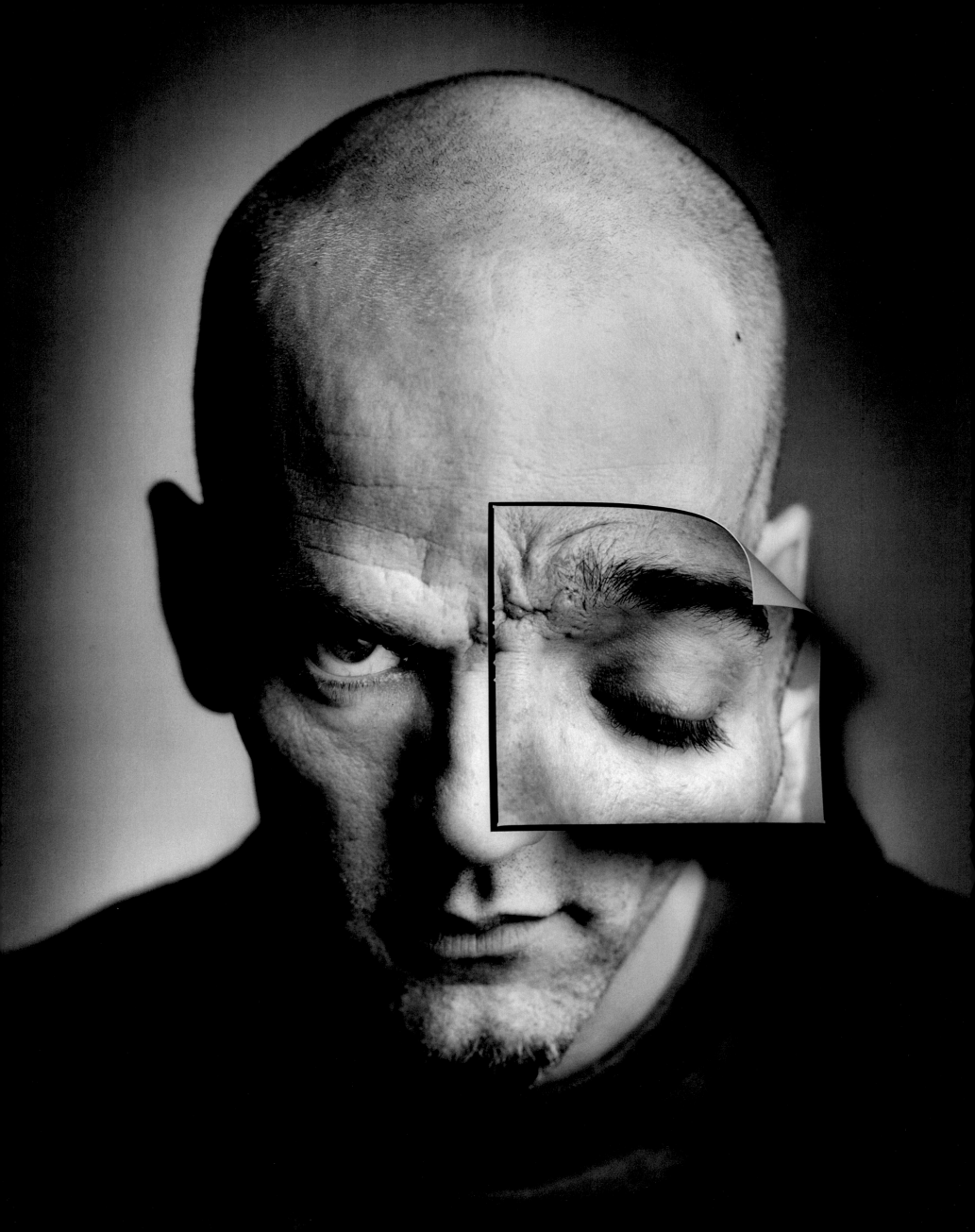

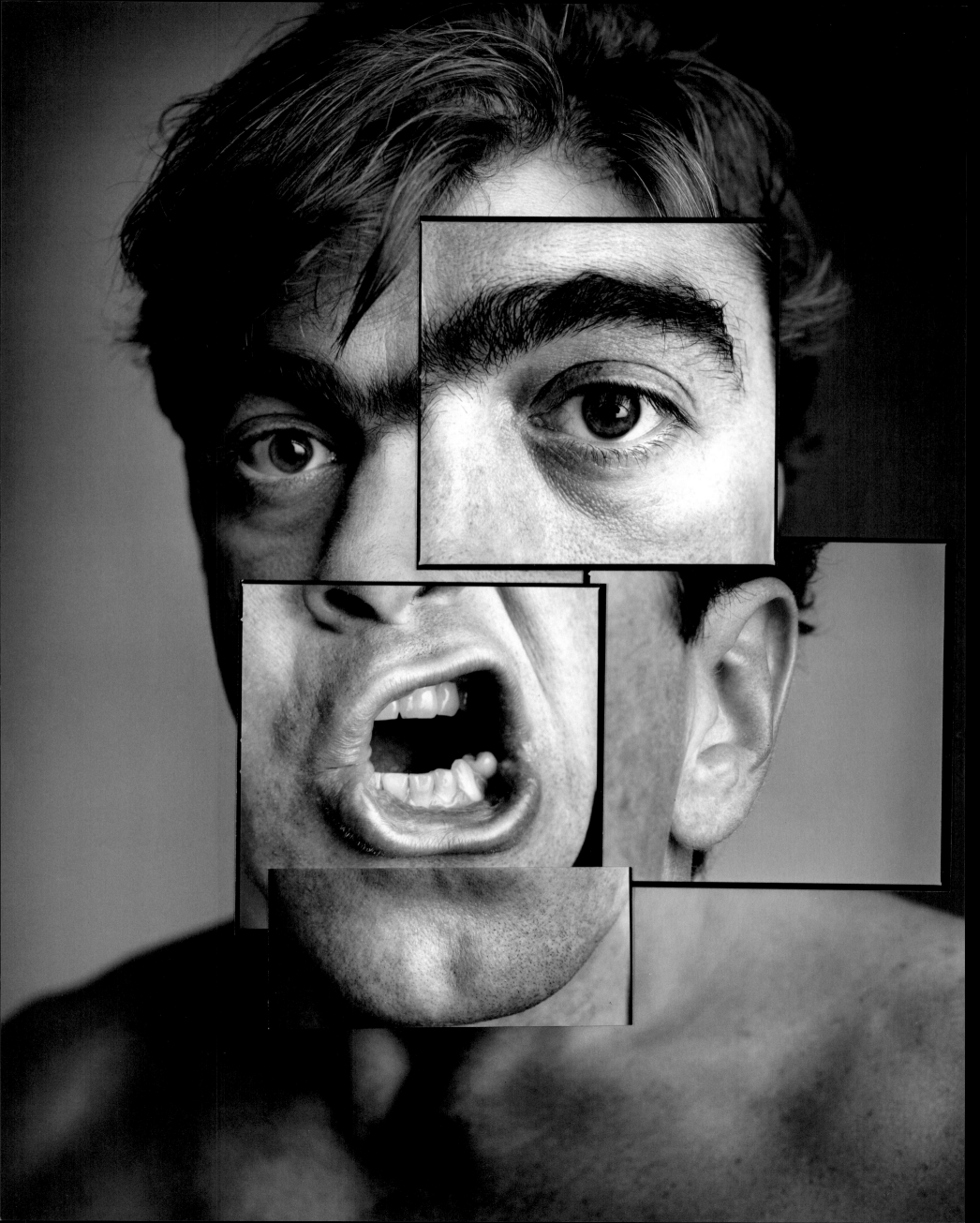

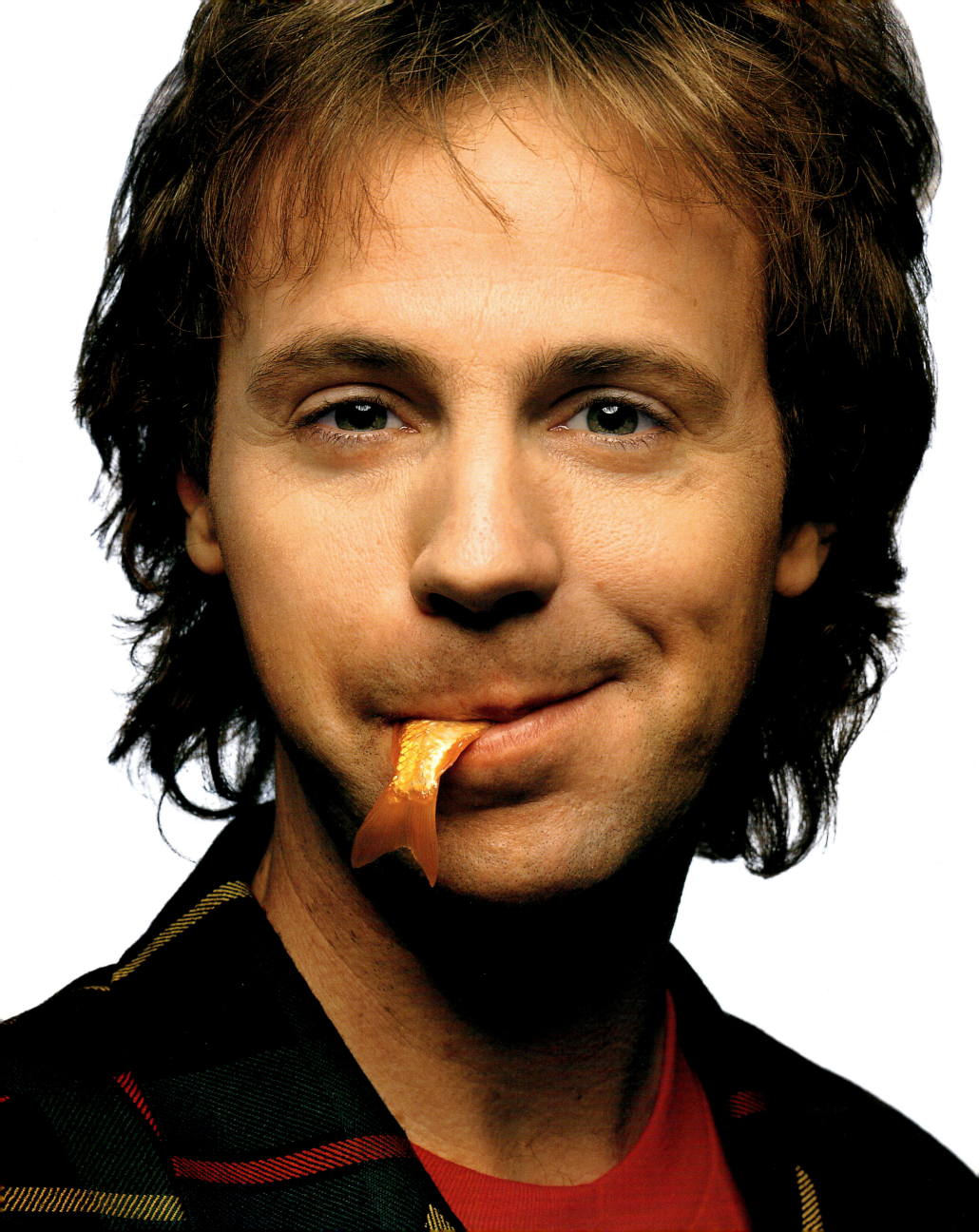

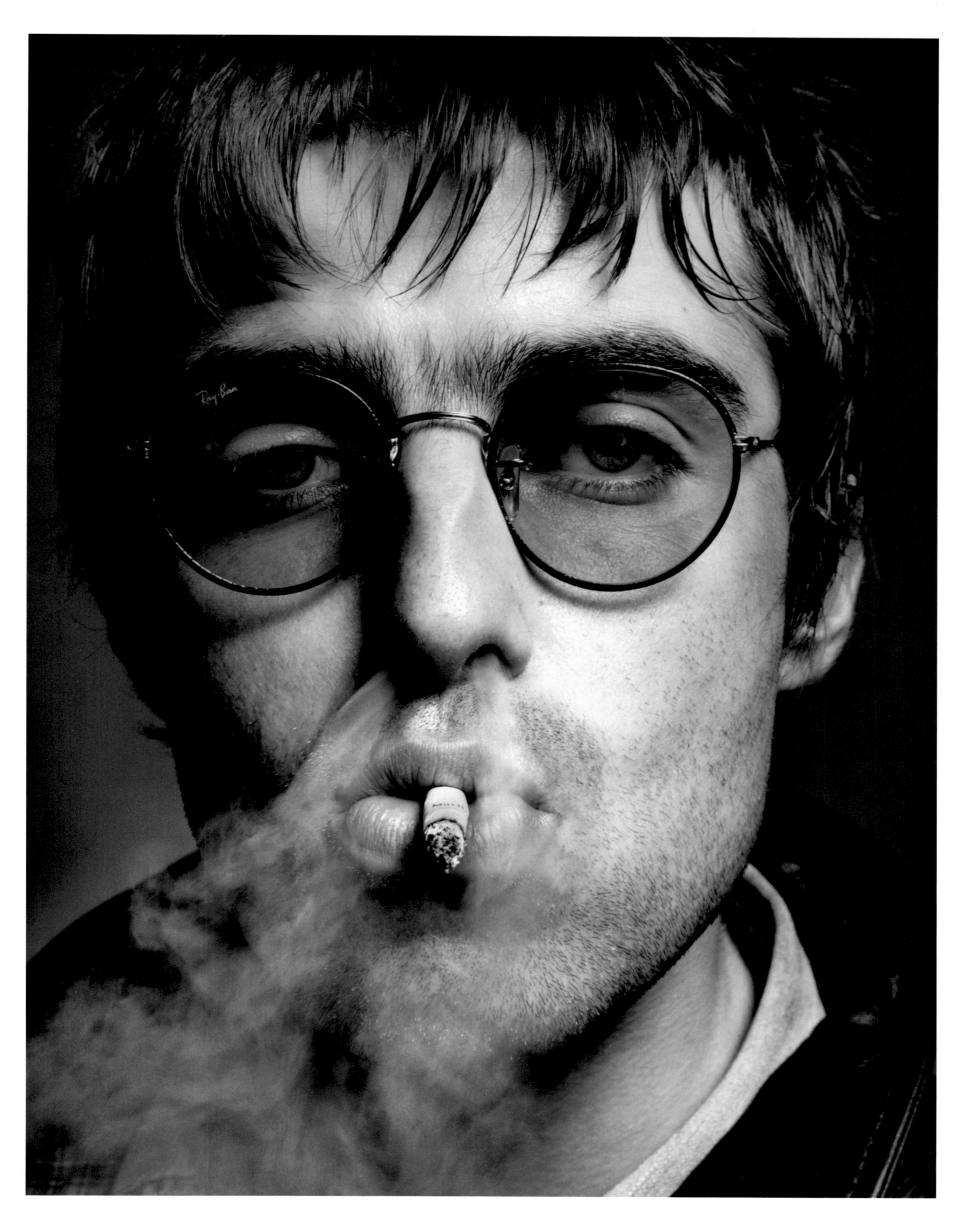

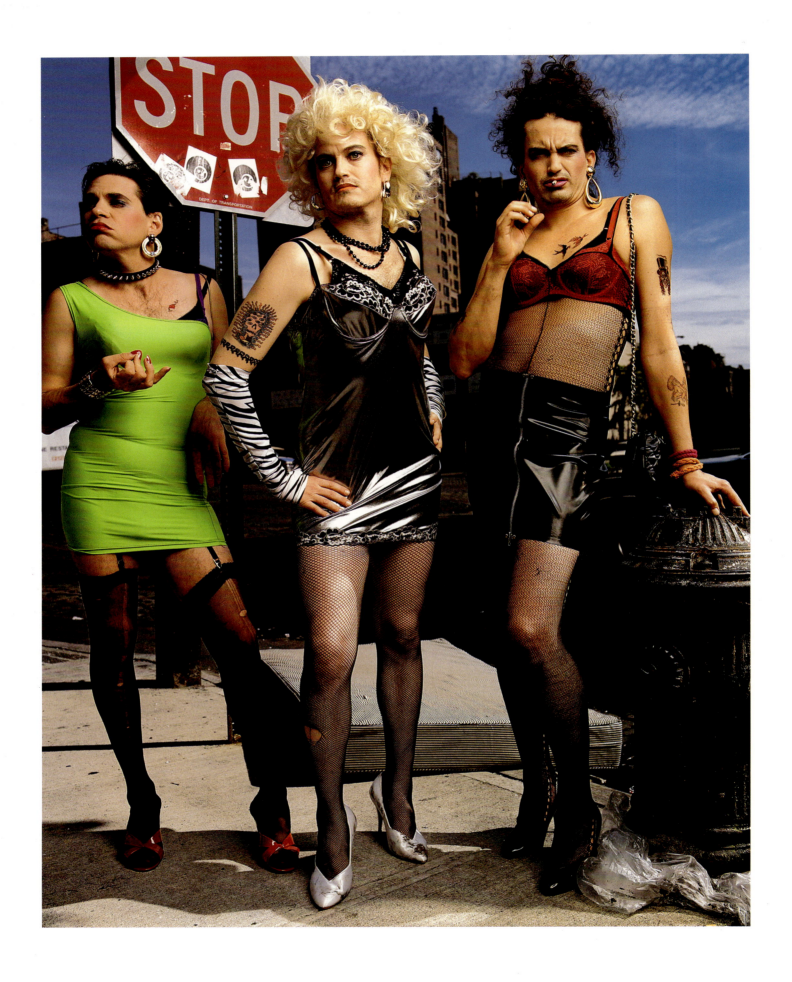

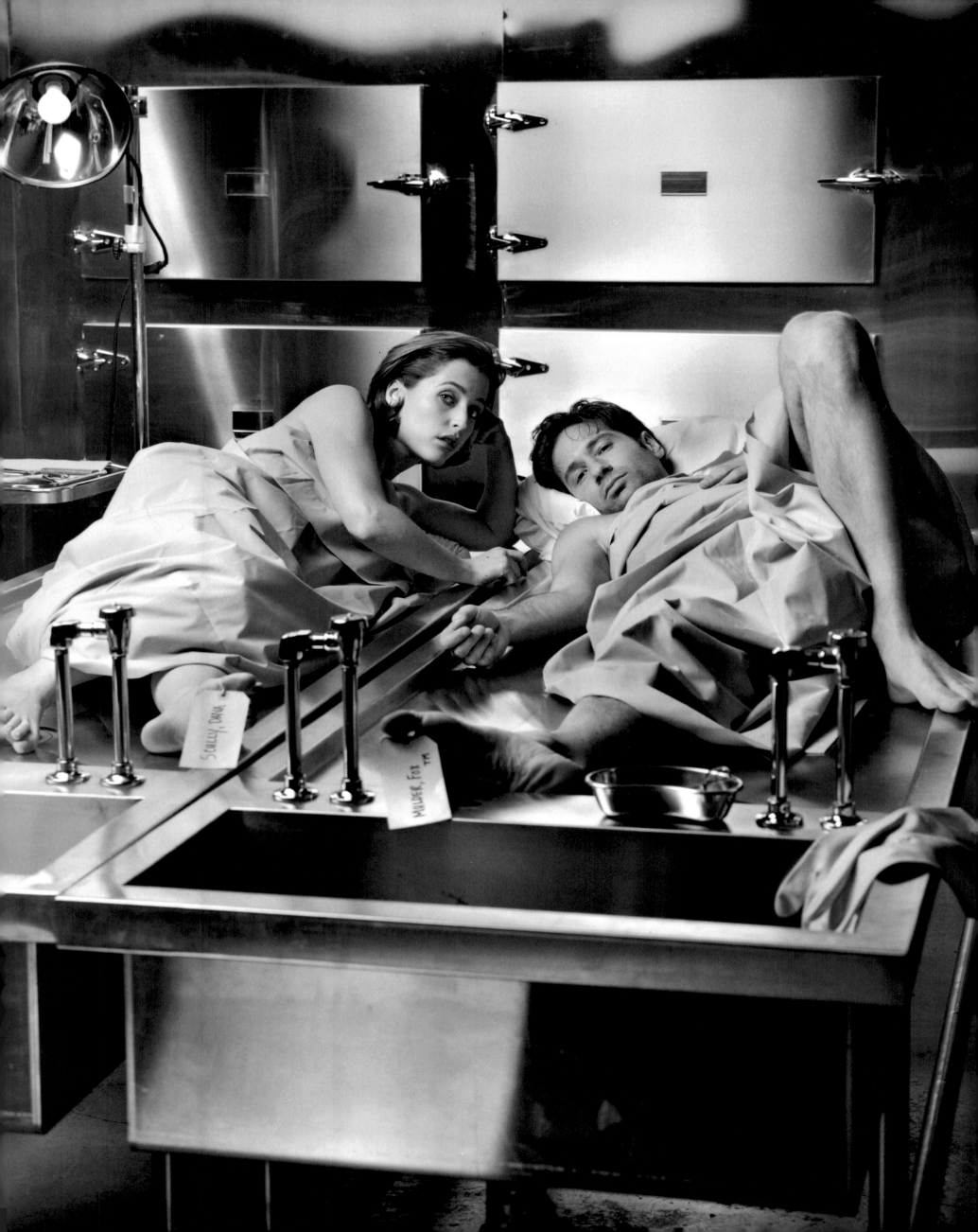

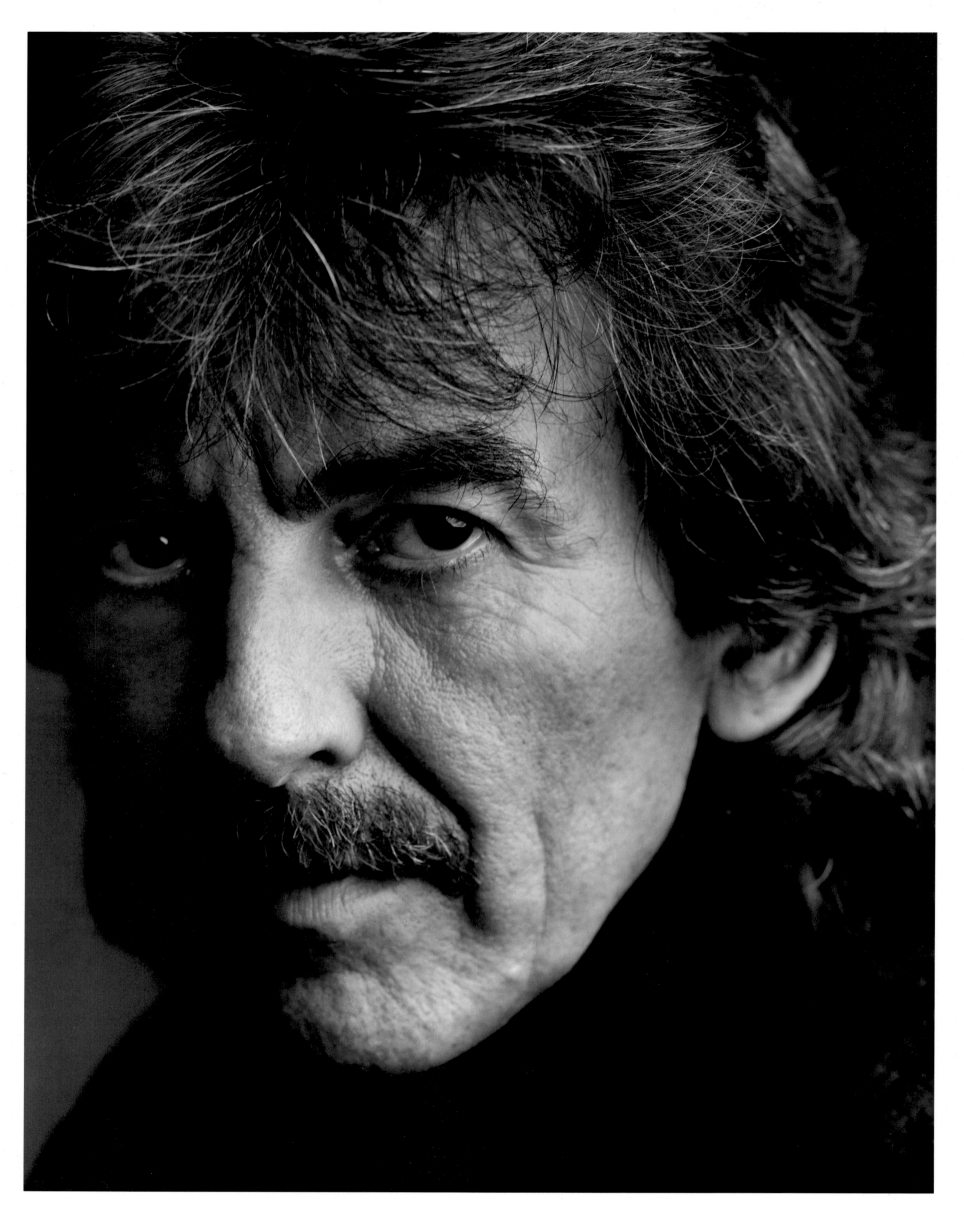

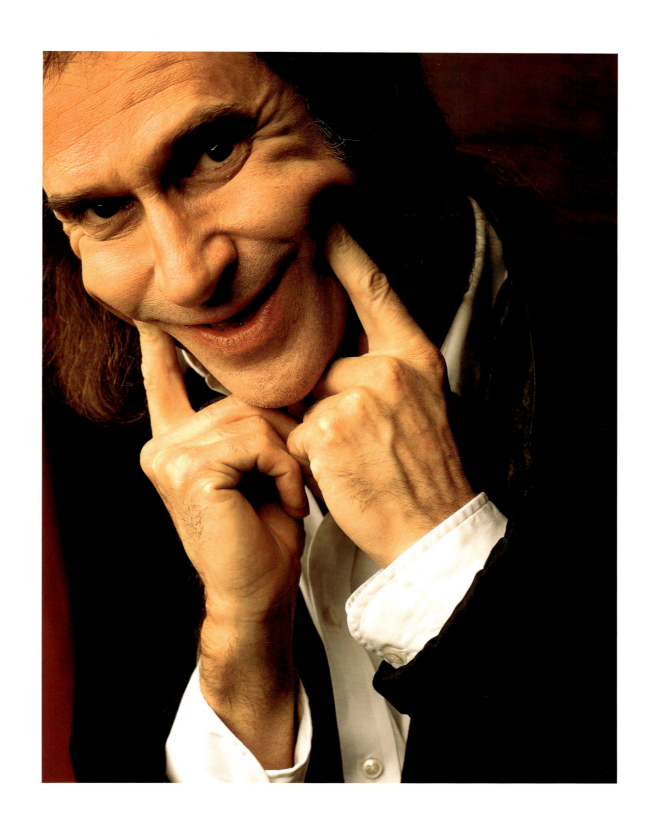

[*Epilog von* MARK SELIGER]

Es überkam mich

wie eine Offenbarung, die durch ein von Arnold Newman aufgenommenes Porträt von Igor Strawinsky ausgelöst wurde: Der Ellenbogen des Komponisten ruht auf einem edlen Flügel, die Hand auf seinem Gesicht, diese Haltung als Echo der Struktur des Flügels, die einer großen Musiknote ähnelt. Mein Kollege Professor James Newburry hatte dieses Foto in seinem Porträtseminar leidenschaftlich analysiert. Erst wenige Wochen zuvor hatte er mich bei einer seiner ersten scharfen Kritik der Arbeiten dieser Klasse aufs Korn genommen und uns wissen lassen, daß nicht jeder von uns die Begabung zum Fotografen hätte. Gedemütigt und zerschlagen verbeugte ich mich und verließ frühzeitig den Unterricht. Doch während dieser Vorlesung über die Geschichte der Fotografie ging ein Feuerwerk in mir los. Mir war bewußt geworden, daß ich Künstler fotografieren wollte – Schriftsteller, Musiker, Maler, Tänzer und Bildhauer. Ich wollte herausfinden, wie sich menschliche Emotionen einfangen lassen. Ich mußte mich einbringen.

Oft lag ich mit Tom Conners, meinem besten Freund am East Texas State College auf dem Dach seines LeSabre unter dem Nachthimmel. Wir tranken Bier und malten uns aus, wie wir eines Tages unsere eigenen Fotobücher veröffentlichen würden. Ich berichtete ihm, was mein Grafikprofessor im Seminar gesagt hatte: „Ideen sind die Grundlage der Kunst, und die Technik ist der Prozeß, mit dem die Idee illustriert wird."

Nach meinem Collegeabschluß und einem kurzen Assistenzjob für Firmenfotografen in Houston überredete mich meine Schwester nach New York zu ziehen. Sie war einmal dort gewesen und meinte, die Stadt hätte eine Energie, die mir gefallen würde. Ich zog in die Wohnung meines Bruders nach Crown Heights, Brooklyn, in eine Lubavitcher Gemeinde, ein Viertel, wo hasidische Juden und Leute aus Haiti, Jamaika und Puerto Rico wohnten. Noch nie hatte ich eine solche Vielfältigkeit erlebt – was sehr befreiend auf mich wirkte.

Jeden Morgen begab ich mich mit einer frischen Münzrolle nach Manhattan und rief unangemeldet alle Fotografen an, die ich ausfindig machen konnte: Dabei wurde ich ab und zu von anderen Leuten unterbrochen, die auch das Telefon beim Woolworth an der 23. Straße benutzen wollten, das während meiner ersten drei Monate in New York mein Büro war. Schließlich fand ich einen Job als Assistent einer Gruppe begabter Fotografen, die für *Rolling Stone, Time, Musician* und *Esquire* arbeiteten. Später entschied ich, daß ich, anstatt für andere so hart zu arbeiten, dasselbe genausogut für mich selbst tun konnte. Ich gab das Assistieren auf und wagte den Sprung ins kalte Wasser. Ich zog ins obere Manhattan und verbrachte die nächsten sechs Monate damit, meine Mappe bei verschiedenen Zeitschriften zu hinterlegen oder auf einen *café con leche* in die örtliche Bodega auf der 104. Straße zu gehen. Wie besessen kontrollierte ich meinen Anrufbeantworter oder starrte ihn nur an, wenn ich zu Hause war. Dann fing ich an, Arbeit zu bekommen.

Ellen Madere von *Esquire* war so großzügig mir meinen ersten Auftrag zu geben: Ein Foto von Bryant Gumbel mit einer „Cubs"-Mütze, aufgenommen vor einem grauen nahtlosen Hintergrund, den ich in seinem Büro aufgebaut hatte. Für Ellens Mann, John Madere, hatte ich ein Jahr lang assistiert und mich mit ihm gut angefreundet. Da warf sie mir diesen Köder hin. Im folgenden Jahr fotografierte ich den Großteil meiner Porträts im Auftrag der Zeitschrift *Business*. Schließlich kam es zum Durchbruch: Jane Clark, die Bildredakteurin einer mit vielen Fotografien illustrierten Zeitschrift namens *Manhattan Inc.,* gab bei mir eine Serie in Auftrag, für die ich Geschäftsmänner ablichten sollte. In den achziger Jahren gab es den Trend, daß sich Geschäftsleute wie Rockstars aufmachen konnten. So wurde perverserweise ausgerechnet *Manhattan Inc.* zu meinem Übungsfeld. Ich fand dort die Gelegenheit, meinen eigenen Porträtstil zu entwickeln und diesen an einigen ziemlich willigen Objekten auszuprobieren. Wenn ich es schaffte, diese Typen cool aussehen zu lassen, dachte ich, dann würde ich mit den Leuten aus der Musik- und Kunstszene leichtes Spiel haben.

Für mich stand damals die Zeitschrift *Rolling Stone* im Zenit der Kunst, was die Bildredaktion anging. Sie war seit langem als besonders kreatives Umfeld für Fotografen bekannt. Laurie Kratochvil, meine erste dortige Bildredakteurin, wurde bald zu meiner Mentorin. Als Ansporn gab sie mir den auf den ersten Blick einfachen Auftrag, eine Gruppe von Filmstudenten der New York University für die *Hot*-Ausgabe von 1987 zu fotografieren. Ich zögerte die Sache ständig hinaus und konnte den Abgabetermin nicht einhalten. Mir wurde klar, daß der Professor in Texas mit seiner Hänselei recht behalten hatte: „Seliger kann nur unter Druck arbeiten."

Ich setzte endlich den Fototermin auf den 10. Januar 1987 fest. Drei Studenten der NYU posierten für mich acht Stunden lang im Freien bei minus zehn Grad Kälte. Erst kurz bevor wir alle fast erfroren wären, entschied ich, daß das Bild im Kasten war und entließ meine erschöpften Modelle. Um bei dem Projekt Geld zu sparen, hatte ich den Toyota eines Freundes ausgeliehen, in den ich nun meine Ausrüstung verstaute. Als ich die Taschen zurechtrückte und gerade die Tür schließen wollte, krachte ein Bus in die Fahrertür und schleuderte mich mitsamt der Tür auf die vereiste Straße. Im Nachhinein glaube ich, einen hypothermischen Schock erlitten zu haben, denn ich sprang auf und rannte etwa eine Meile hinter dem Bus her. Ich kam gerade so nah heran, daß die Autonummer lesbar wurde, war aber zu fertig, um mich darauf konzentrieren zu können. Ich gab auf und ging zurück zum Auto, befestigte die Tür mit Klebeband und fuhr nach Uptown, wobei mir schon vor der unausweichlichen Erklärung graute, die ich meinem Freund schuldete. Die Reparatur des Toyota belief sich auf zwölfhundert Dollar, folglich kostete mich meine erste Fotosession für *Rolling Stone* um die fünfzehnhundert. Das sollte sich jedoch auszahlen: Laurie sprach auf meinen Anrufbeantworter, wie zufrieden sie mit den gelieferten Bildern sei, und versicherte mir, daß es noch zu vielen weiteren Aufträgen kommen würde. Der Adler war gelandet.

Perry Farrell war die erste als Rockstar zu bezeichnende Person, die ich für *Rolling Stone* fotografierte, obgleich er 1987 noch nicht so bekannt war wie in den folgenden Jahren. Zu jener Zeit war Jane's Addiction jedoch *die* neue Band an der Westküste. Ich flog nach L.A. und besuchte Perry in seinem Haus, wo wir zwei Tage zusammen verbrachten. Ich fotografierte ihn bei einem Auftritt, mit seiner Freundin, in seinem Haus, in seinem Hintergarten, in seinem Übungsraum und machte Porträtaufnahmen von ihm und seiner Gruppe. Da wurde mir bewußt, wie gern ich mit Musikbands arbeite. Leider brachte die Zeitschrift nur ein viertelseitiges Bild.

Einige Monate darauf bekam ich von dem Bildredakteur Jim Franco meinen ersten Auftrag für ein brandaktuelles Titelbild: Paul Simon und Ladysmith Black Mambozo. Ich hatte nur vier Stunden Zeit, um mich darauf vorzubereiten, diesen großen Songkomponisten und die zehnköpfige afrikanische Gruppe vor einem reinweißen Hintergrund zu fotografieren. Als wäre ich nicht schon nervös genug gewesen, rief mich auch noch Paul Simon an und sagte: „Wir bringen das schnell hinter uns, okay?" „Klar, Paul." „Gut, ich bin in fünf Minuten bei dir." Inzwischen begannen die Leute von Ladysmith Black Mambozo in mein Studio zu tröpfeln und ich bekam es mit der Panik zu tun. Wie um Himmels willen sollte ich die alle zusammen mit Paul Simon auf einer Seite unterbringen? Ich kam mir vor wie bei einem Puzzlespiel, fand aber glücklicherweise heraus, daß ich ein gutes Gefühl für die Sache entwickelte. Nachdem ich einige Filme verschossen hatte, fing Paul mit der ganzen Gruppe zu singen an, und ich bekam einen Vorgeschmack von den besseren Momenten im Leben eines Musikfotografen. Jedermann auf dem Set erstarrte im Banne dieses Chors.

Hinterher rief ich meine Familie in Texas an und berichtete von meinem Erlebnis. Ich schwor, daß ich mir aus einem weiteren Titelauftrag für *Rolling Stone* nichts machen würde, daß mir dieser eine vollends genügte. Doch in diesem Punkt war ich ein verdammter Lügner – das Fotografieren der Titelbilder wurde zu einer Sucht.

Rolling Stone hielt mich beschäftigt und die Arbeiten für Umschläge, Artikel und Foto-Essays bereiteten mir viel Spaß. 1991 fragten mich Laurie und Fred Woodward, der Art Director, ob ich an der 25. Jubiläumsausgabe der Zeitschrift mitarbeiten wollte. Ich fühlte mich geehrt und geschmeichelt, wußte jedoch, daß die anderen Fotografen eine harte Konkurrenz sein würden. Diese Aussicht machte mir angst: „O nein, nicht noch eine Prüfung! Diese werde ich sicher nicht bestehen!" Anfangs wurden mir vier oder fünf zu fotografierende Personen zugeteilt, dann zehn, und es wurden immer mehr. Einer der ersten Aufträge sollte ein Porträt von Mick Fleetwood und John McVie werden. Die Ergebnisse stellten mich derart zufrieden, daß ich eine Reihe von Bildern zu machen begann, die zum Surrealen und Ausgefallenen neigten. Vor der Session wandte ich mich an Mick Fleetwoods Presseagenten, der sagte: „Wissen Sie, ich muß Sie warnen. Für Mick gilt, je verrückter, desto besser." Also rief ich Mick in seinem Studio an, der mich fragte: „Was haben Sie für diesen kleinen Aufnahmetermin geplant?" Ich sagte: „Was mir wirklich vorschwebt, wäre ein Foto von Ihnen und John McVie – ich weiß, es hört sich verrückt an – als Braut und Bräutigam." „Sehr gut! Das hört sich wunderbar an! Wir feiern den 25. Gründungstag unserer Band. Das paßt perfekt. Ich möchte Sie nur um einen kleinen

Gefallen bitten." Ich fragte: „welchen?", und er antwortete: „Ich möchte die Braut sein."

Nachdem das Material für die 25. Jubiläumsausgabe beisammen war, traf ich mich mit Laurie und Fred auf einen Drink. Sie fragten mich, ob ich an einer Vollzeitanstellung bei *Rolling Stone* interessiert wäre. Zu meinen Aufgaben würde gehören, die Hälfte der Titelbilder der Zeitschrift zu liefern und die dafür erarbeitete visuelle Linie auf das Magazin *US*, die Schwesterzeitschrift von *Rolling Stone,* zu übertragen. Nach einem Treffen mit Jann Wenner, dem Herausgeber und Verleger, wurde ich zum leitenden Fotografen beider Zeitschriften befördert.

All das veränderte mein Leben in gehörigem Maße und stellte auch eine ungeheure Herausforderung dar. Ich empfand es als sehr aufregend, von nun an die verschiedensten Persönlichkeiten fotografieren zu dürfen. Zum Beispiel hatte es mich schon seit jeher interessiert, Frauen zu fotografieren, nur hatte sich das bisher noch nicht ergeben. Anfänglich tat ich mir schwer, denn der Umgang mit weiblicher Schönheit folgt vom Technischen her völlig anderen Regeln, deren Einzelheiten mir bisher so nicht bewußt waren. Ich würde die Beleuchtung überdenken müssen und die Art und Weise, wie ich an meine Modelle herantreten würde.

In dieser Hinsicht wurde mein Fototermin mit Drew Barrymore für ein Portfolio für *US* zu meinem persönlichen Durchbruch, da wir sofort totales Vertrauen zueinander faßten. Vor den Aufnahmen sprachen wir uns kurz am Telefon ab, und es kam vor, als würden wir uns schon seit Jahren kennen. Beim Fotografieren muß ich normalerweise mein Modell in eine entspannte Stimmung versetzen, aber in diesem Fall hat Drew das für mich übernommen. Als ich begann, zu erklären, was ich für ihre Session geplant hatte, unterbrach sie mich mitten mit dem Satz: „Was immer dir recht ist, geht in Ordnung – ich vertraue dir völlig." Das ließ sich an, wie wenn man sich mit einem hübschen Mädchen verabreden will, mit einer Absage rechnet, und dann sagt sie plötzlich zu. Ich jammerte weiter, als hätte sie nein gesagt. Sie wiederholte: „Ich vertraue dir völlig – was immer dir recht ist." Diese Art von Reaktion ist selten und angenehm, baut jedoch auch eine große Erwartungshaltung auf, die man nicht enttäuschen darf. Bei der ersten Session fotografierten wir Drew als eine „ungezogene" Alice im Wunderland. Wir fotografierten sie auch in einem Boxring in South Central L.A. Sie trug nichts außer Boxhandschuhen und einem Lendenschutz. Drew hat wirklich die Fähigkeiten eines Chamäleons. Sie war meine erste Muse.

Einer der Vorteile und Herausforderungen der Arbeit bei *Rolling Stone* besteht darin, daß man die Gelegenheit bekommt, Künstler gerade bei ihrem Durchbruch zum Erfolg darstellen zu können. Darin lag das Aufregende, Brad Pitt zum ersten Mal fotografieren zu dürfen. So bekam die ganze Session eine naive Qualität, wurde kompromißlos und unberechenbar. Brad lebt seine Rollen. Jedes unserer vier gemeinsamen Shootings wurde zu einem Abenteuer. Wir arbeiteten stets ohne Unterbrechung und sehr konzentriert, in echter Kooperation. Das Ergebnis war ein Tagebuch des Ortes und der Zeit. Unsere gemeinsame Arbeit verkörpert perfekt meine Philosophie der Fotografie.

Bei unserem ersten Gespräch 1994 zur Planung einer Session für das Titelbild von *Rolling Stone* hatte Brad vorgeschlagen, wir sollten ihn in einem *barrio* von L.A. fotografieren. Ich folgte seinem Hinweis, schlug aber Mexicali in Baja California vor. Zu jener Zeit befanden wir uns beide auf einer ähnlichen Stufe unserer Karrieren. Wir verstanden beide den künstlerischen Wert der Entscheidung, uns außerhalb unseres gewohnten Umfelds zu begeben, um unsere individuelle „Hülle" zu verändern und so ein wirklich ausgefallenes Werk zu schaffen. Jodi Peckman, die neue Bildredakteurin von *Rolling Stone* und ich trafen uns mit Brad in San Diego, einer Stadt, in der er sich damals noch völlig anonym fühlen konnte. Jeden Morgen machten wir uns vier Stunden lang auf den Weg nach Mexicali. Wir passierten die Grenze, gingen in die Stadt und begannen auf den Straßen Aufnahmen zu machen. Wir waren nur ein paar Gringos, die vorbeikamen, um dort einen Kumpel zu fotografieren. Wir trafen auf eine Gruppe von Kindern, und Brad fing an, mit ihnen Fußball zu spielen, oder er kaufte sich auf der Straße einen *taco*. Das alles dokumentierten wir.

Am zweiten Tag stießen wir auf einen ausgetrockneten See, der absolut magisch war. Die Sonne ging unter, während Neil Youngs *Mirror Ball* aus meinen Boxen krächzte, und der Himmel verwandelte sich in eine Mischung von Tiefblau-, Violett- und Orangetönen. Wir machten ein Bild nach dem anderen und nahmen bewußt die Chance wahr, diese idyllische Szenerie einzufangen. Seither versuchen Brad und ich jedesmal, wenn wir zusammen arbeiten, den Geist dieser Session wieder aufleben zu lassen.

Auch meine Arbeit mit Nirvana resultierte in einigen meiner besten Bilder. Unsere erste Session fand in Australien statt. Das letzte, was Nirvana – und insbesondere Kurt Cobain – damals wollte, war auf dem Umschlag von *Rolling Stone* zu erscheinen. Am Tag vor den Aufnahmen hatte ich der Band deutlich gesagt: „Könntet ihr morgen, wenn es euch ausmacht, weiße T-Shirts ohne Aufdrucke tragen. Das wird sich beim Fotografieren besser machen." Am folgenden Tag zeigte sich Kurt mit einem T-Shirt, auf das er CORPORATE MAGAZINES STILL SUCK geschrieben hatte, und weigerte sich, seine Sonnenbrille abzunehmen. Obwohl ich versuchte, mit ihm zu verhandeln, wollte Kurt nicht einlenken. Er war mir nicht böse – er war glücklich, so wie er da stand und seine Meinung vertrat. Es war ihm sehr wichtig, nicht den Anschein zu erwecken, als würde er sich billig verkaufen.

Das zweite Mal fotografierte ich Nirvana, als *In Utero* gerade herausgekommen war. Ich stellte mir vor, sie müßten mich für den Teufel in Person halten – der Fotograf von *Rolling Stone*, der mit dafür verantwortlich war, ihren Status von Underground in Mainstream zu verwandeln. Tatsächlich war das Gegenteil der Fall. Daß ich Nirvana bei der ersten Session freie Hand gelassen hatte, wirkte sich zu meinem Vorteil aus. Meinem Konzept zufolge sollten Nirvana Anzüge von Brooks Brothers tragen, als Anspielung auf ihr erstes Plattencover. Kurt fand die Idee cool. Er dachte, es würde lustig aussehen, also gestalteten wir so Nirvanas zweites Umschlag von *Rolling Stone*. Kurt hatte auch nichts gegen ein Einzelporträt einzuwenden. Obwohl er während der Session relativ gut gelaunt gewesen zu sein schien, hat er auf den Bildern einen wirklich melancholischen Gesichtsausdruck. Einige Monate darauf, als ich mich gerade in Paris aufhielt, um Counting Crows zu fotografieren, kam der Anruf von *Rolling Stone*, daß Kurt sich erschossen hatte. Er schien in so guter Verfassung gewesen zu sein, als wir diese letzten Bilder gemacht hatten. Eines der damals entstandenen Porträts kam auf den Umschlag der in seinem Andenken erschienenen Sonderausgabe.

Etwa sechs Monate nach Kurts Tod fotografierte ich Courtney Love für den Umschlag von *Rolling Stone*. Sie war zu dieser Zeit emotional noch recht angeschlagen. Wir hatten jedoch bei einem Termin im Vorjahr ein angenehmes, nahes Verhältnis zueinander entwickelt. Diese Session fand nun in Chicago statt und dauerte von fünf Uhr nachmittags bis vier Uhr morgens. Als wir sie in mehreren unterschiedlichen Settings fotografierten, war sie geistreich und aufgeweckt. Während sie wartete, bis wir einige Leuchten installiert hatten, warf sie einen abgetragenen graugemusterten Regenmantel über, um sich in dem zugigen Raum warmzuhalten. Als wir weiterfotografierten, hatte Courtney immer noch den Mantel an, und ich konnte sehen, wie sie begann, sich, von Trauer überwältigt, in sich selbst zurückzuziehen. Einige Minuten später lag sie, ganz in den Mantel gehüllt, auf dem Boden. Es stellte sich heraus, daß er Kurt gehört hatte, und sie bat mich nach der Session, diese Fotos nicht in der Zeitschrift zu veröffentlichen. Ich versprach es.

* * * * *

Nach jeder Session

führe ich Tagebuch, entweder auf dem Rückflug oder wenn ich wieder zurück im Studio war. Ich analysierte, was beim Fotografieren gut gelaufen war und was nicht. Eines Tages ließ ich mein Tagebuch versehentlich in einem Flugzeug liegen und wurde daraufhin von der fixen Idee verfolgt, ein Fremder hätte es gefunden und könnte nun Einblick in die Hintergründe meiner Arbeit gewinnen. Seither habe ich aufgehört, mir im nachhinein Notizen zu machen. Ich zeichne jedoch vor den Fotosessions weiterhin meine Ideen und Skizzen auf. Die Erfahrung hat mich gelehrt, daß man keineswegs vorhersehen kann, was sich während des Fotografierens ereignen wird. Kommt mir eine Idee und versuche ich sie umzusetzen, verändert sich das Konzept im weiteren Verlauf ohnehin in neun von zehn Fällen. Die Modelle wollen etwas anderes, es regnet oder irgendetwas stimmt auf dem Set nicht. Als Fotograf muß man Flexibilität zeigen. Man muß willens sein, sich unangenehmen Situationen zu stellen. Möglich, daß man dabei auf die Nase fällt – meine Erfahrungen zeigen jedoch, daß es meiner Arbeit stets zugute gekommen ist, dem Unerwarteten ins Auge zu schauen.

Wenn ich von der Arbeit nach Hause komme, stelle ich meine Taschen unter dem Foto von Igor Strawinsky ab. Es erinnert mich daran, daß die einzige Konstante in der Fotografie darin besteht, daß man stets versuchen soll, seine eigenen Ansprüche zufriedenzustellen. Bis zum heutigen Tag bewundere ich die unglaubliche Perfektion dieses Porträts.

[Bildtafeln]

[3] Tom Hanks
LOS ANGELES, 1994

[5] Ben Stiller
NEW YORK, 1998

[11] Howard Stern
NEW YORK, 1997

[13] Rob Zombie
von White Zombie
YONKERS, NEW YORK, 1998

[14] Fiona Apple
LOS ANGELES, 1997

[15] Slash
LOS ANGELES, 1990

[17] Brad Pitt
MEXICALI, MEXIKO, 1994

[18] Brad Pitt
MEXICALI, MEXIKO, 1994

[19] Brad Pitt
LOS ANGELES, 1998

[21] Sean Penn
LOS ANGELES, 1992

[22] Mick Jagger
NEW YORK, 1994

[23] Keith Richards
OKLAHOMA CITY, 1994

[24] Hunter S. Thompson
LITTLE ROCK, ARKANSAS, 1992

[25] Keith Richards
WILD BLUE YONDER, 1994

[26] Dr. Dre &
Snoop Doggy Dogg
LOS ANGELES, 1993

[27] Burt Bacharach
& Elvis Costello
LOS ANGELES, 1998

[28] John Lee Hooker
VALLEJO, KALIFORNIEN, 1991

[29] John Lee Hooker
VALLEJO, KALIFORNIEN, 1991

[30] Bob Dylan
LOS ANGELES, 1998

[31] Bruce Springsteen
COLTS NECK, NEW JERSEY, 1998

[33] Joni Mitchell
LOS ANGELES, 1998

[34] David Byrne
NEW YORK, 1994

[35] Stephen Dorff
LOS ANGELES, 1996

[36] Slash
LOS ANGELES, 1990

[37] Michael J. Fox
BURLINGTON, VERMONT, 1993

[39] Merle Haggard
LAKE SHASTA, KALIFORNIEN, 1994

[40] Buck Owens
BAKERSFIELD, KALIFORNIEN, 1994

[42] Loretta Lynn
HURRICANE MILLS, TENNESSEE, 1994

[43] Tammy Wynette
NASHVILLE, 1994

[44] George Jones
BRENTWOOD, TENNESSEE, 1995

[45] Kitty Wells
& Johnny Wright
KINGSTON SPRINGS, TENNESSEE, 1994

[46] Willie Nelson
NEW YORK, 1995

[47] Bill Monroe
NASHVILLE, 1994

[48] Johnny Cash
HENDERSONVILLE, TENNESSEE, 1992

[49] Lyle Lovett
HOUSTON, 1998

[50] Dwight Yoakam
LOS ANGELES, 1993

[51] Billy Bob Thornton
TORONTO, 1997

[52] Bill Clinton
LITTLE ROCK, ARKANSAS, 1993

[53] Elisabeth Shue
PALM SPRINGS, KALIFORNIEN, 1995

[54] Me'Shell Ndegéocello
NEW YORK, 1996

[55] Jakob Dylan
NEW YORK, 1997

[56] Sean Lennon
ATLANTIC CITY, NEW JERSEY, 1998

[58] Marilyn Manson
LOS ANGELES, 1998

[59] Marilyn Manson
LOS ANGELES, 1998

[60] James Iha
von den Smashing Pumpkins
CHICAGO, 1995

[61] Shirley Manson
von Garbage
LONDON, 1996

[62] Bob Dylan
NEW YORK, 1995

[63] Adam Duritz
von den Counting Crows
PARIS, 1994

[64] Paula Cole
NEW YORK, 1997

[66] Green Day
Billie Joe Armstrong,
Mike Dirnt & Tré Cool
NEW YORK, 1995

[67] Sinéad O'Connor
NEW YORK, 1992

[68] Sheryl Crow
NEW YORK, 1996

[69] Pat Conroy
CHARLESTON, SOUTH CAROLINA, 1995

[70] Ralph Fiennes
LONDON, 1996

[71] Johnny Depp
MOJAVEWÜSTE, KALIFORNIEN, 1993

[72] Dr. Dre
LOS ANGELES, 1993

[74] Cameron Diaz
NEW YORK, 1996

[76] Tom Jones
SARATOGA, KALIFORNIEN, 1994

[79] Robin Williams
NEW YORK, 1991

[80] Uma Thurman
LONDON, 1998

[81] Quentin Tarantino
NEW YORK, 1994

[82] Christian Slater
LOS ANGELES, 1994

[83] Ethan Hawke
ELGIN, TEXAS, 1997

[84] Arnold
Schwarzenegger
LOS ANGELES, 1994

[85] Leonardo DiCaprio
NEW YORK, 1994

[87] Bill Murray
LOS ANGELES, 1996

[88] Alicia Silverstone
NEW YORK, 1997

[89] Djimon Hounsou
LOS ANGELES, 1998

[90] Glenn Danzig
NEW YORK, 1994

[91] Melissa Etheridge
CHATSWORTH, KALIFORNIEN, 1995

[92] Charlize Theron
NEW YORK, 1997

[93] Garry Shandling
LOS ANGELES, 1994

[94] Jerry Seinfeld
LOS ANGELES, 1998

[95] Jason Alexander,
Michael Richards,
Julia Louis-Dreyfus
& Jerry Seinfeld
LOS ANGELES, 1998

[96] Will Smith
LOS ANGELES, 1997

[97] Julia Louis-Dreyfus
& Jerry Seinfeld
LOS ANGELES, 1993

[98] Perry Farrell
von Jane's Addiction
LOS ANGELES, 1994

[99] Mark Spitz
NEW YORK, 1990

[100] Lauryn Hill
NEW YORK, 1998

[101] Maxwell
LOS ANGELES, 1998

[102] Sandra Bullock
ANGUILLA, 1996

[104] Claire Danes
BORREGO SPRINGS, KALIFORNIEN, '96

[105] Mel Gibson
LOS ANGELES, 1993

[106] Rich &
Chris Robinson
von den Black Crowes
MACON, GEORGIA, 1992

[107] Chris Barron
von den Spin Doctors
POUGHKEEPSIE, NEW YORK, 1992

[108] Dave Pirner
von Soul Asylum
NEW YORK, 1993

[110] Jodie Foster
PASADENA, KALIFORNIEN, 1994

[111] Ashley Judd
MALIBU, KALIFORNIEN, 1995

[112] Kennedy
NEW YORK, 1994

[113] Elvis Costello
NEW YORK, 1998

[114] Jackson Browne
NEW YORK, 1996

[116] Lenny Kravitz
NASSAU, BAHAMAS, 1998

[BILDTAFELN]

[117] Lenny Kravitz
NASSAU, BAHAMAS, 1998

[119] Curtis Mayfield
DUNWOODY, GEORGIA, 1993

[120] Winona Ryder
NEW YORK, 1997

[121] Timothy Leary
BEVERLY HILLS, 1996

[122] RZA
von Wu-Tang Clan
NEW YORK, 1997

[123] Zack de la Rocha
von Rage Against the Machine
NEW YORK, 1997

[124] Michael Stipe
von R.E.M.
LOS ANGELES, 1994

[125] Peter Buck
von R.E.M.
LOS ANGELES, 1994

[126] Mike Mills
von R.E.M.
LOS ANGELES, 1994

[127] Bill Berry
von R.E.M.
LOS ANGELES, 1994

[129] James Hetfield
von Metallica
ST. PETERSBURG, FLORIDA, 1993

[130] Red Hot Chili Peppers
Chad Smith, Anthony Kiedis,
Flea & John Frusciante
LOS ANGELES, 1992

[131] Metallica
Kirk Hammett, Lars Ulrich,
James Hetfield & Jason Newsted
PARIS, 1991

[132] Axel
NEW YORK, 1990

[133] Siegfried & Roy
LAS VEGAS, 1991

[134] Jerry Seinfeld
LOS ANGELES, 1994

[135] Jerry Seinfeld
LOS ANGELES, 1994

[136] Chris Rock
LOS ANGELES, 1997

[137] Chris Rock
NEW YORK, 1997

[138] Michael Richards
NEW YORK, 1993

[139] Dana Carvey
LOS ANGELES, 1993

[141] Phish
Page McConnell, Jon Fishman,
Trey Anastasio & Mike Gordon
WESTFORD, VERMONT, 1995

[142] Lucinda Williams
NASHVILLE, 1998

[143] Richard Ashcroft
von The Verve
LONDON, 1998

[145] Jenny McCarthy
LOS ANGELES, 1996

[146] Nicole Kidman
NEWPORT PAGNELL, ENGLAND, 1996

[147] Liam Gallagher
von Oasis
NEW YORK CITY, 1997

[148] Claire Danes
BORREGO SPRINGS, KALIFORNIEN, 1996

[149] Benicio Del Toro
& Parker Posey
NEW YORK, 1995

[150] Christina Ricci
LOS ANGELES, 1998

[151] Vince Vaughn
LOS ANGELES, 1997

[153] Drew Barrymore
BELL, KALIFORNIEN, 1993

[154] Drew Barrymore
NEW YORK, 1995

[155] Drew Barrymore
NEW YORK, 1995

[156] Drew Barrymore
NEW YORK, 1995

[157] Drew Barrymore
LOS ANGELES, 1993

[158] Dave Navarro
PASADENA, KALIFORNIEN, 1998

[159] Mark Wahlberg
MALIBU, KALIFORNIEN, 1997

[160] Meat Puppets
Derrick Bostrom, Cris
Kirkwood & Curt Kirkwood
NEW YORK, 1994

[161] Ice-T
LOS ANGELES, 1992

[163] Marilyn Manson
LOS ANGELES, 1998

[164] Gillian Anderson
& David Duchovny
VANCOUVER, KANADA, 1997

[165] Gillian Anderson
& David Duchovny
VANCOUVER, KANADA, 1997

[166] Tom Waits
NORDKALIFORNIEN, 1999

[169] The Beastie Boys
Mike Diamond, Adam
"MCA" Yauch & Adam
"Ad-Rock" Horovitz
NEW YORK, 1998

[170] Danny DeVito
LOS ANGELES, 1996

[171] Robin Williams
NEW YORK, 1991

[172] Billy Corgan
& D'Arcy
von den Smashing Pumpkins
CHICAGO, 1995

[175] Jennifer Aniston
LOS ANGELES, 1996

[176] Jennifer Aniston
LOS ANGELES, 1998

[177] Liv Tyler
LOS ANGELES, 1996

[178] John Travolta
LOS ANGELES, 1995

[179] Emily Watson
LOS ANGELES, 1997

[180] David Letterman
NEW YORK, 1993

[181] Conan O'Brien
NEW YORK, 1999

[182] Phil Hartman
LOS ANGELES, 1996

[184] Gillian Anderson
LOS ANGELES, 1997

[185] Gillian Anderson
LOS ANGELES, 1997

[186] Whoopi Goldberg
PITTSBURGH, 1994

[187] Steven Tyler
von Aerosmith
BOSTON, 1990

[188] Ice-T
NEW YORK, 1993

[190] Fiona Apple
LOS ANGELES, 1997

[191] Nicole Kidman
NEWPORT PAGNELL, ENGLAND, 1996

[192] Blind Melon
Brad Smith, Rogers Stevens,
Glen Graham, Shannon Hoon
& Christopher Thorn
AUSTIN, TEXAS, 1993

[193] Katie Holmes
WILMINGTON, NORDKAROLINA, 1998

[194] Susan Sarandon
NEW YORK, 1994

[195] Peter Wolf
CONEY ISLAND, NEW YORK, 1998

[197] Mick Fleetwood
& John McVie
von Fleetwood Mac
TOLUCA LAKE, KALIFORNIEN, 1992

[198] George Harrison
LOS ANGELES, 1992

[199] Ringo Starr
LOS ANGELES, 1992

[200] Tom Petty
LOS ANGELES, 1991

[201] Billy Joel
LONG ISLAND, NEW YORK, 1992

[202] Chrissie Hynde
von den Pretenders
NEW YORK, 1995

[203] Ray Davies
von den Kinks
NEW YORK, 1992

[204] Jimmy Page
LONDON, 1992

[205] Gregg Allman
& Dickey Betts
von den Allman Brothers Band
MACON, GEORGIA, 1991

[206] Jeff Beck
TUNBRIDGE WELLS, ENGLAND, 1992

[207] Carlos Santana
SAN FRANCISCO, 1992

[209] Jerry Garcia
INDIANAPOLIS, 1993

[210] Neil Young
CHICAGO, 1992

[211] Eddie Vedder
von Pearl Jam
MISSOULA, MONTANA, 1993

[212] Nirvana
Dave Grohl, Kurt Cobain
& Krist Novoselic
MELBOURNE, AUSTRALIEN, 1992

[214] Kurt Cobain
KALAMAZOO, MICHIGAN, 1993

[215] Courtney Love
CHICAGO, 1994

[216] Courtney Love
CHICAGO, 1994

[221] Perry Farrell
LOS ANGELES, 1987

[DANKSAGUNG]

Wo wäre ich heute ohne Jann Wenner und *Rolling Stone*? Ich danke euch, daß ihr mich in eure Gemeinschaft aufgenommen und mir erlaubt habt, in der unglaublichen Geschichte dieser Zeitschrift eine kleine Rolle zu spielen. Ich werde den Mut und die Unterstützung, die mir Jann über die Jahre hin zugesprochen hat, nie aufwiegen können.

Besonders dankbar bin ich Fred Woodward für die neue Dimension, die er während der letzten zehn Jahre in meine Arbeit für die Zeitschrift gebracht hat, auch für das schöne Layout und die Redaktion von *Physiognomie*. Ich schätze seine Aufrichtigkeit, seine Geduld und vor allem seine Freundschaft.

Laurie Kratochvil hatte soviel Vertrauen in mich, daß sie mich bei *Rolling Stone* eingeführt und mir dort einen Platz zum Aufwachsen gegeben hat. Ich werde ihre Führung und Klugheit stets würdigen. Jim Franco hat mich die Fähigkeit gelehrt, mich zu entspannen und Spaß zu haben. Er gab mir erstmals die Chance, mich an dem Umschlag von *RS* zu erproben. Ich danke auch meiner lieben Freundin Jodi Peckman, die mir über so viele Jahre hin eine zuverlässige Anlaufstelle war und der ich alles anvertrauen konnte. Das Wichtigste an unserer Arbeit war stets die Freundschaft.

Mit Rachel Knepfer gibt es am Ende des Tages immer etwas zu lachen. Mit ihr habe ich manche meiner besten Momente geteilt. Richard Baker und Jennifer Crandall schulde ich viel für ihre Neugestaltung des Magazins *US* und dafür, daß sie mir eine Menge neuer Möglichkeiten eröffnet haben. Mein großer Dank an die ehemaligen und aktuellen Mitarbeiter von *Rolling Stone*, *US* und *Men's Journal*, insbesondere an Fiona McDonagh, Kathy McCarver, Kristin Dymitruk und Angie White. Ich danke auch Bob Love, Sid Holt, Barbara O'Dair, Terry McDonell, Rina Migliaccio, Linn Tanzman, Bob Wallace, David Wild, Mary MacDonald, Patti O'Brien, David Amario, David Fricke und Joe Levy.

Ich möchte Eric Bogosian für seine brilliante und großzügige Einführung in *Physiognomie* danken. Kein anderer hätte diese Zeit so gut wiedergeben können. Besonders dankbar bin ich Jerry Seinfeld, dessen Bild den Umschlag ziert.

David Sokosh hat dieses Projekt methodisch und perfekt organisiert. Ohne ihn wäre es wohl nie verwirklicht worden. Ich kenne niemanden, der so arbeitet wie Ivory Serry. Seine unglaubliche Vitalität und sein Talent haben meine Arbeit zum Leben erweckt. Ich möchte mich bei meinen ehemaligen Assistenten Brennan Cavanaugh, Eric Delpehnich, Ramak Fazel, Todd France, John Gilhooley, Jay Gullixson, Ben Hills, Rocky Kenworthy, Kevin Knight, Tom Legoff, Brian Long, Simon McArthur, Samantha McCormick, Karjean Ng, Steven Pan, David Peterson, Jonathan Ragle, Nikolaus Ruechel, David Safian, Martin Schoeller, Wendy Schwartz, Anthony St. James, Jeff Strauss, Brian Velenchenko und Wayne Wakino bedanken, deren grenzenlose Geduld und Energie mir über Jahre hin zu einem guten Ruf verholfen haben. Alex Martinengo und Ramon Perez haben beim Druck meiner Arbeiten für dieses Buch ihr künstlerisches Feingefühl unermüdlich beigesteuert. Ich danke Ari Phillips für den Stil, den er mir beigebracht hat.

Ich kann Cathy Weiner, meiner ersten Studiomanagerin, für ihre wunderbare Einstellung, ihre Großzügigkeit und ihren unermüdlichen Einsatz gar nicht genug danken. Sie hat dafür gesorgt, daß ich im Chaos normal geblieben bin. (Auch für die allmorgendliche Tasse Kaffee danke ich ihr.) Samantha Schwartz hat die tägliche Leitung des neuen Studios mutig übernommen. Sie ist die erste Person, die ich jeden Morgen begegne, und es tut gut, zu wissen, daß ich mich in so verläßlichen Händen befinde. Mein Dank auch an Jessica Brown und an ihre Vorgängerin Sofi Dillof für ihre wertvollen Beiträge und dafür, daß sie die vielen begabten Hairstylisten, Visagisten, Set Designer, Location Scouts und das Catering herbeigeschafft haben, mit deren Hilfe diese monströsen Sessions verwirklicht werden konnten. Darunter auch Vaughn Acord, Vaughn Allen, Walter Barnett, Gabe Bartalos, Christy Belt, Oscar Blandi, Tara Charne, Tim Considine, Cookie von Allstar Coach, Lysa Cooper, Cathy Dixon, Rick Elden, Cathy Eng, Brenda Farrell, Dan Halprin, Ralis Kahn, Steven Knee, Julian Laverdiere, Robert Molnar, Patrick Parkhurst und Scenario, Kathlene Persoff, Maital Sabban, Screaming Mad George, Tim Smith, Tracy Warbin und Cindy Warlow. Vielen Dank auch meinen ehemaligen und aktuellen Mitarbeitern im Studio: Flint Adedoyin, Maria Avitabile, Leigh Brown, Albina Campos, Dannielle Coenig, Lorna Faverey, Natalie Flemming, Abby Gennet, Lauren Guerra Heuwetter, Ann Lichtenstein, Sheryl Olson und Loni Weiner.

Mein großer Dank gebührt auch all jenen von Bulfinch Press, die aus *Physiognomie* tatsächlich ein Buch gemacht haben: Terry Hackford, Karen Dane, Sandra Klimt und besonders Carol Judy Leslie.

Ich danke auch Holly George-Warren von Rolling Stone Press für ihren Enthusiasmus, ihr Fachwissen über die Buchherstellung und die Geduld, mit der sie mich durch die schwierigen Stellen gelotst hat. Ebenso den unermüdlichen Lektoratsassistent(inn)en Ann Abel und Carrie Smith. Dahn Cooper, Shawn Dahl, Andrea Odintz, Janet Wygal, Ashley Kahn, Roo Reath, Laura Sandlin, Emily Shur, Tom Soper und Karen Winter haben ebenfalls wertvolle redaktionelle Beiträge geleistet.

Siung Tjia, Yoomi Chong und Andy Omel haben viel Zeit und Energie in die Gestaltung dieses Projekts investiert. Die Produktionsabteilung von Wenner Media, darunter Janice Borowicz, Patrick Cavanaugh, Robert Cohen, Lucy Elghazoly, Betsy Hill, Dylan Jones, Hubert Kretzschmar, Les Lawrence, Richard Leefook, James Lenick, Jack Mittman, Brian Popkie, Chris Raymond, Tim Reitz, Vincent Romano, Paul Rouse, Kilian Schalk, Tevi Schwartz, Alan Sikiric, Peter Walker, Dennis Wheeler und Tom Worley, besonders Peter Rosen und Rich Waltman haben Unschätzbares zu diesem Buch beigetragen und verpassen meinen Werken bei *Rolling Stone*, *US* und *Men's Journal* den letzten Schliff.

Dieses Buch wäre ohne Kent Brownridge, John Lagana und Evelyn Bernal von Wenner Media und die literarische Agentin Sarah Lazin nicht machbar gewesen. Ich danke Howard Greenberg und Marla Kennedy für ihre Ratschläge wie auch dafür, daß sie mich vertreten haben. Auch danke ich Yancey Richardson für die Ausstellung meiner Fotos von *When They Came to Take My Father* und ebenso David Fahey dafür, daß er mir in L.A. einen Ausstellungsraum zur Verfügung gestellt hat. Terry Jacoby, Robert Balsam und Bob Zdon haben mich durch die tückischen Gewässer der Geld- und Rechtsgeschäfte geleitet. Hal Golberg und Robbie Feldman haben mir die Welt gegeben, Lisa Diamond und Jim Rochrig haben meine Werke in die Welt hinausgebracht.

Mein Dank den besten Fotolabors der Welt, die meine Arbeiten stets verschönern: GYMK, Green Rhino, Lelton Labs, LTI, Mark Markheim, Megargee Vanderlinde, Randeep Khanna von Color Edge und Zona. Hut ab vor den digitalen Zauberkünsten von Shoot Digital und Phillip Nardulli wie auch vor den guten alten Schwarzweißretuschen von Chris Bishop. Ich danke Canon Copiers für ihre großzügige Unterstützung.

Ein Dankeschön an meine unglaubliche Familie. Mutter, Vater, Großmutter, Yoel, Frank und Lori. Danke für Respekt, Offenheit, stetige Hilfe und bedingungslose Liebe, für die Kraft, die ihr mir gegeben habt, und dafür, daß ihr mich in die Welt hinausgeschickt habt. Ich danke auch Ruth, Malka, Tzvi-Leib, Devorah-Leah Seliger, Judy und Gary Liberson und Mathew Asner. Ebenso Josh Liberson für seinen geistreichen Prototypen und für seine Freundschaft.

Ich danke jenen, die mir sowohl im Leben wie in der Kunst gute Lehrer gewesen sind: James Newbury und Don Lawton, Lindsey Clennel, Andrew Tatarsky und Danny Martin.

Ich danke Stephanie Pastor für ihre Liebe, ihre Hilfe und für ihr ansteckendes Lächeln.

Peter Himmelstein hat mir viele Jahre der Freundschaft geschenkt und mir ein Haus gebaut. Nur wir kennen den seltsamen Weg bis hierher. Ich danke all meinen anderen Freunden, die mir auf diesem Weg geholfen haben: April Barton, Tim Baskim, Danny Bennett, Julian Broad, Mona Chan und John Lombardi, Gerik Cionsky, Jane Clark und Peter Wilkinson, Pat Coakley, Brian und Beverly Coats, Tom und Jodi Connors, Katy Damon, Patrick Daughters und Karen Tanaka, Jenny Freeman und Walker Stevenson, Hovik Dilakian, Andy Gibson, Julie Gold, Emily Greenberg, Leilani Hill, Joseph Himmelstein, Paul Huber, Tamara Jenkins, Mark Johnson, Leora Kahn, Chuck und Bettina Katz, Ed Keating, Gary Laufman, Frank Lipman, Michelle Litvin, Woody Lowe, Lutz, Shana Mabari, Matt Mahurin, Ben Mandel, Gary Marcoe, Mary Ellen Mark, Kurt Markus, Jim Marshall, Kevin Mazur, Scott McDonald, Rob Morea, Chip Morton, Graham Nabarro, John Perez, Menachem Prus, Gary Robertson, Kim Schutza, Peter Sekel, Chris Shinn, Kerry Simon, Chip Simons, Andy Slater, Robin Sloane, Maryolive Smith, Matt Smith, Anna Sui, David Van Taylor, Manon von Gerkon, Albert Watson und Stuart und Jane Weil.

Ich weiß den Einsatz von Kelly Bush, Mara Buxbaum, Steven Huvane, Molly Madden, Cynthia Pett, Cari Ross, Jovar Andrews und Cindy Guagenti zu würdigen. Ich danke meiner New Yorker Familie: Ellen, John, Charlotte und Jared Madere. Und auch meiner Familie in Brooklyn, den Lieblichs. Für ihre offene Tür in L.A. danke ich Jakob und Paige Dylan.

Brad, Drew, Jennifer, Perry, Courtney, Lenny K., Elizabeth S., Elizabeth B., Ashley, Conan, Stephen, Jerry, Tom, Lyle, Ben und Elvis danke ich für die Zeit und die unglaublichen Einfälle, die sie mit mir geteilt haben. Sie alle sind echte Teilhaber an diesem Buch. Ich möchte meinen herzlichen Dank all meinen unglaublich talentierten und schönen Modellen aussprechen, ohne die dieses Werk nicht möglich geworden wäre.

M.S. März 1999

Für diese Ausgabe:
© 1999 te Neues Verlag GmbH, Kempen
Alle Rechte vorbehalten.

Für die Originalausgabe:
© 1999 Rolling Stone Press und Mark Seliger
Originaltitel:
Physiognomy – The Mark Seliger Photographs
Lektorat: Holly George-Warren
Lektoratsassistenz: Ann Abel, Carrie Smith
Redaktionelle Mitarbeiter: Shawn Dahl, Andrea Odintz, Janet Wygal
Betreuung des Fotoarchivs: David Sokosh
Gestaltung: Fred Woodward, unter Mitwirkung von Siung Tjia (Sr.), Yoomi Chong, Andy Omel

Deutsche Übersetzung: Alexander Michalowski

ISBN 3-8238-0557-6

Phy·si·og·no·mie

n, pl -mien [gr. *physiognomon* vom Äußerlichen auf das Wesen schließen, gr. *physis* Natur, Leben, Körper + *gnomon* Übersetzer, Interpret] 1: (Physiognomik) Die Kunst, aus dem äußeren Erscheinungsbild die Wesenszüge zu deuten. 2: Lehre von der Gestaltung des menschl. Leibes als Grundlage des Charakters und der Seele. 3: Äußere Erscheinung, auch: die durch den Ausdrucksgehalt geprägte Form des Gesichts.